幸福人生

一位 X 光醫生的分享

黎炳民　著

萬里機構

推薦序（一）

吾友黎炳民醫生一向予人逍遙自在萬物與我齊一的印象。加上他長得又高又瘦，走路時不徐不疾，心想，如果他穿上道袍一襲，擔保似個世外高人多過似一個醫生。他當然瀟灑。因為近年的他追求的是幸福人生，要跟你、我、他分享的也是幸福人生。

炳民醫生崇拜的唐宋八大家之一的韓愈就有「師者，傳道授業解惑也」之説。要把理念世代相傳惠及眾生，口講無用。最好就是發而為文，著書立説。炳民醫生既為蒼生治療肉體的頑疾也為蒼生解決精神的困擾和痛楚，仁者也。是以，他是醫生也是老師，既傳道授業也解惑。他在文內直言：「由焦慮而產生壓力是常見的心理因素……不同的心理反應和處理態度也會令病情複雜……。」原來身體的健康與否、心理的健康與否，跟幸福能否到手實在有莫大的關係。炳民醫生這本《幸福人生──一位Ｘ光醫生的分享》就為我們尋求了許多實例和説明。

我認識的炳民醫生既是旅行家也是攝影家（英國皇家攝影學會會士A.RPS），攝影作品多以大自然為題材。這多少透露了炳民醫生那寧靜致遠胸懷天下的性格。

善哉善哉！

李韡玲

二〇二〇年（庚子年）九月二十三日凌晨

推薦序（二）

我認識黎炳民醫生（Raymond）已經超過 12 年，他六呎一吋高，個子高大，身型瘦削，有着文化人謙謙君子的氣質，喜歡攝影及閱讀，他的造型有點像中國著名演員胡歌。我們結緣於我的《都市日報》專欄，還有巧合的是他太太的姐姐是我太太中學的中文老師，也是一位出色的校長及教育家。

在 12 年前開始，每年我都有一個習慣，就是做兩次身體檢查，恰巧黎醫生在旺角有一所設備先進的化驗所，所以每當我做完檢查後，我們都一起吃午飯或在他的辦公室交流及分享閱讀心得，還有人生的哲學思想等。

他小小的辦公室放滿了不同類型的書籍，而且分類得井井有條。我時常鼓勵他閱讀的價值是應用及分享，別人說擁有知識就等於擁有未來，但我認為分享及應用知識，才能應變未來的挑戰！知識的擁「有」，只是記憶或記載，智慧是一種「空」的概念，能夠應用及分享知識，自然會發現自己的不足，就是一種「空」的哲學，應運而生，乘世而行，才會產生真正的智慧。也是佛家所說的「非有非空，亦有亦空」的哲學。

以 Raymond 的人生閱歷，還有他閱讀及分享的經驗，絕對有能力多寫四至五本書，不過 Raymond 選擇將第一本書從善如流地改善，這種態度及堅持是值得認同的。這本書分享了 Raymond 從他專業的知識中帶出了中國人的養生之道及人生價值觀，這二大元素探討何謂幸福和快樂，用深入淺出的七大分類去道出生命的真理，我黃毅力極力推薦這本佳作！

黃毅力

自序

中小學時，家庭有經濟困難，入讀大學時全靠大姨丈資助才買齊書本及臨床工具如聽筒及顯微鏡等。大學第二年在明原堂 Old Hall 認識太太，畢業後結婚。

1982 年進入伊利沙伯醫院 X 光診斷科開始接受專科訓練，1987 年正式成為專科醫生。

50 歲時因聽到家人說有一位朋友常說希望 60 歲可以退休及享受人生黃金 20 年，但好不幸，他 59 歲便離世。聽了這個故事，我便開始認真思考死亡及人生的意義。開始喜歡看求得幸福人生及快樂的書。我讀書一向都喜歡做筆記及將資料分門別類。求得幸福人生與快樂，以及如何達到一個有意義的人生，是人人都有興趣知道及要思考的課題。

我贊同亞里士多德所說的人生真諦：

「快樂是生命的意義和目的，是人類生存的終極目標。」

獲得了幸福感，個人健康會更加好，人變得有自信；人際關係有改善，事業會更加成功，人生會更加豐盛。

所以我希望將我的筆記、看書心得及個人實踐與大家分享。韓文公（韓愈）說：一時勸人以口，百世勸人以書。較之與人為善，雖有形跡，然對症發藥，時有奇效，不可廢也；失言失人，當反吾智。大意是「以口來勸人，只在一時，事情過了，也就忘了；並且別處的人，無法聽到。以書來勸人，可以流傳到百世，並且能傳遍世界；所以做善書，有立言的大功德」。將心得與見面的朋友分享，最多幾百人受惠，但出書卻可留傳後世，將會有更多人得益，可影響萬世。

我在 2015 年開始，將我所寫的讀書心得、各方面的體驗、感想及旅遊經歷等文章在 wordpress 網站發放，
網址：https://happiness486.com/
我的個人網址：http://www.happinesslai.com

我亦期望這本筆記可幫助讀者培養喜悅平和心境，用正向思想面對人生歷練，好好享受人生每一刻。我自己也可從寫書中，更深入審理總結個人想法及心得，融會貫通後，才能有效地與讀者溝通，達到教學相長的目標。

目錄

第 3 章

如何獲得健康心理

第 4 章

如何獲得靈性健康及成長

第 5 章

如何獲得愛與被愛及滿足感情的需求

第 9 章

遺傳與環境因素使人不快樂

第 10 章

總結

第 1 章
何謂幸福人生

幸福人生的七大支柱

身體健康 •

心理健康 •

靈性成長 •

愛與被愛 •

良好人際關係 •

社會環境和諧安全 •

財富 •

快樂與幸福感

🍃 快樂

快樂是由外來的訊息引發的一種瞬間愉悅情緒。是短暫的。

🍃 幸福感

人處於幸福之中，快樂指數持續大過 70（喜悅）。內心會覺得滿足，安全感足夠，心情平靜，心無罣礙（心安），內心感覺良好，覺得自由及有自我操縱權，事情在掌控之中（自在）。如果外在環境是和諧、安全及寧靜，人便感覺像到達佛家的涅槃或基督宗教的天堂。

幸福感是發自內心，不假外求，並可憑藉閱讀及思考獲得智慧及覺悟（得悟），接着改變心態及正向思想而獲得。

可以品嚐到米芝蓮推介的美食，一定覺得十分開心快樂。如果當下覺悟到今次因緣十分難得，又全賴很多人幫忙，因緣和合，才可以享受眼前的美食，心懷感恩才開始慢慢品嚐，幸福感便降臨了。

幸福方程式

Martin E Seligman（Positive psychology）提出的幸福方程式指出，每個人當下的快樂指數，50% 受遺傳影響（性格），10% 受現實環境和個人際遇影響，但有 40% 其實是由個人對事件看法，心態／思維模式及是否採取行動所決定。

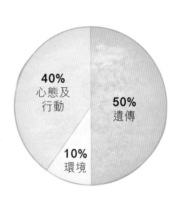

40%
心態及
行動

50%
遺傳

10%
環境

戴卓爾夫人（Margaret Hilda Thatcher）有一名言：**注意你的思想及心態，因為它將變成言辭；注意你的言辭，因為它將變成行動；注意你的行動，因為它將變成習慣；注意你的習慣，因為它將變成性格；注意你的性格，因為它將決定你的命運。** 人類透過改變內心的態度，就可以改變生命外在的行為。

思想與
心態 ➡ 言辭
行為 ➡ 習慣 ➡ 性格 ➡ 命運

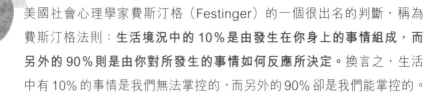

美國社會心理學家費斯汀格（Festinger）的一個很出名的判斷，稱為費斯汀格法則：**生活境況中的 10% 是由發生在你身上的事情組成，而另外的 90% 則是由你對所發生的事情如何反應所決定。**換言之，生活中有 10% 的事情是我們無法掌控的，而另外的 90% 卻是我們能掌控的。

費斯汀格法則

■ 90% 可掌控的事情
■ 10% 無法掌控的事情

一念天堂，一念地獄。
境隨心轉，境由心生。

原來人是可以經過鍛煉自己想法來增強快樂指數，幸福可以培養，更可以改變命運。所以，人生的幸福感可取決於自己靈性裏的智慧（唯心）。擁有智慧便可不假外求而能累積幸福感，從而獲得幸福人生。幸福感可以由個人自己創造，這個見解令人十分鼓舞。

全人健康

想培養累積幸福感，我們先要認識全人健康及安全感（關於安全感的詳細內容見第 81 頁）。

何謂「健康」？

世界衛生組織（WHO）在 1948 年為「健康」下定義時，形容一個健康的人除了沒有患病之外，生理、心理和社交方面也須處於安舒的狀況。

Ewles & Simnett（1985）曾從不同層面的概念來探討健康，嘗試提出健康的整體概念，可以看成是世界衛生組織（WHO）對健康定義的具體描述。

身體　心理　靈性　社交　社會結構

1. **身體健康**：意指身體各器官和系統都能夠正常運作，沒有疾病和殘障，具有充足的機能與能力，足以應付日常生活所需。

2. **心理健康**：意指有能力做清楚且有條理的思考，有能力認知情緒（如

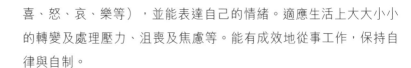

喜、怒、哀、樂等），並能表達自己的情緒。適應生活上大大小小的轉變及處理壓力、沮喪及焦慮等。能有成效地從事工作，保持自律與自制。

3. **靈性健康**：是對於人生觀（生命的意義、人生的目標）、生死觀、苦樂觀、世界 / 宇宙觀及價值觀等有自己的信念。認識自我，發揮內在潛能，自我實現，自尊感高，自信，能建立有意義的人生目標，自我完善，能與大自然融合，能感受生命，擁有愛人與被愛的能力及有憐憫心，是一種達到心靈平靜的狀態。

4. **社交健康**：是認識自己在社群中的角色，有能力創造及維持與他人之間的關係；能夠與他人和諧共處及有良好的人際關係，社交生活愜意。

5. **社會結構（社區、社團或團體）的健康**：是能與社會制度相融合作。與你不認識的人、國家及世間萬物合作及和諧相處。

在獨處或者在荒島上，獲得身體健康、精神健康（正向情緒及慾念控制）及靈性健康便可過幸福的人生。回到文明，要有社交和社會結構健康，與社會和諧相處才是幸福人生。

人生

子曰：「吾十有五而志于學，三十而立，四十而不惑，五十而知天命，六十而耳順，七十而從心所欲，不踰矩」。

由出生到大學畢業，屬於學習成長期。畢業後到社會工作、組織家庭，是發展自己所長和貢獻社會的時期。五十歲後開始知天命，懂得自然的規律及法則，思考人生，確立自己人生觀、價值觀及信念，是靈性成長期。六十歲以後可考慮退休及開始享受人生，進入逍遙期。

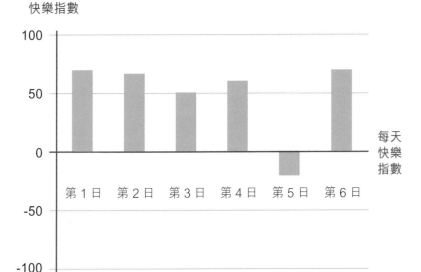

快樂幸福圖表

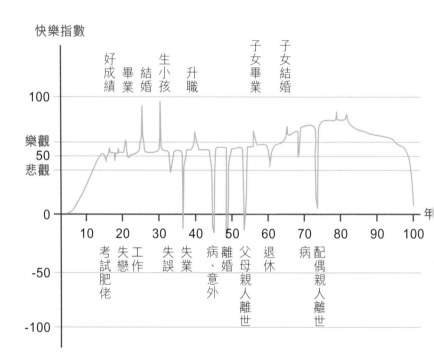

用圖表說明快樂指數，正一百是最快樂，負一百是最痛苦。零是出生與死亡。對大部分人來說，最快樂的時刻是中了六合彩、考試第一名、進入自己心儀的大學等。幸福感是快樂指數處於 70-90 分，是擁有安全感，心安自在，心無罣礙，無煩惱瑣事纏身，可以偷閒飲咖啡及到海灘欣賞日落。如果患上末期癌病痛楚或被敵人俘虜及被虐待，這是最痛苦的時刻（-100）。

我認為樂觀者心境常處於 70-90 快樂指數，而悲觀者心境常處於 50-70 快樂指數。人生不如意事十常八九。但當遇到挫折逆境，天生樂觀、有正向思想或悟得幸福人生真諦者的人比悲觀者更快回復正常水平（復原力 resilience），亦比悲觀者容易長期保持自己快樂指數於 70-90 水平，獲得更多幸福感，也能延長由高位回落到正常的快樂指數的時間。當人生大部分時間的快樂指數是處於 70-90，這便是幸福人生。

遇到挫折逆境

天生樂觀、有正向思想或悟得幸福人生真諦者比普通人更快回復正常水平。

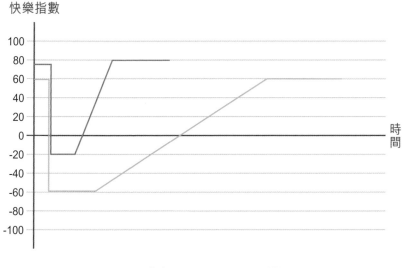

得悟者遇逆境，快樂指數由 70 跌至 -20，但很快便回到 70 或超過 70；普通人遇逆境，快樂指數由 60 跌至 -60，回到正常 60 也需要長些時間。

天生樂觀、有正向思想或悟得幸福人生真諦者比普通人更能延長由高位回落到正常的快樂指數的時間。

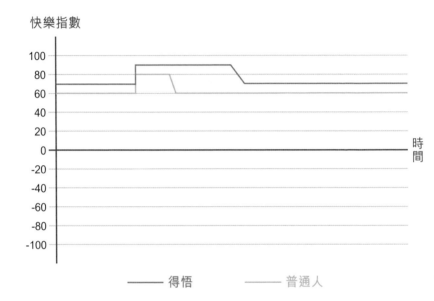

當我們冥想思考獲得智慧，能利用不同方法如知足常樂、難得糊塗、修行及自制，從佛法學識不執、離苦得樂等等。得到以上所講的全人健康，使自己的快樂幸福感處於當下滿足水平（70-90）並每天精進，遇上苦難或逆境時能迅速回復到滿意水平或遇上十分快樂的情況下，能夠延遲快樂指數回落到平常的水平，更會居安思危，盡量避免逆境發生，使到人生常感幸福，人便算是獲得到一個幸福的人生。

我重申幸福感是可以自己追尋獲得，不假外求。追求幸福感不是自私，因為當我們覺得幸福之後，人會更積極工作，效率更高，亦可以照顧他人，對社會作出貢獻。

幸福人生的七大支柱

幸福人生的七大支柱是身體健康、心理健康、靈性成長、愛與被愛、良好人際關係、和諧安全社會環境及財富。在以下的章節與大家分享如何獲得這七大支柱。

> 幸福人生七大支柱圖

幸福人生						
身體健康	心理健康	靈性成長	愛與被愛	良好人際關係	和諧安全社會環境	財富

第 2 章

如何獲得
健康身體及長壽

獲得健康身體的守則

- 飲食節制
- 控制體重
- 定期身體檢查
- 運動
- 懂得呼吸
- 充足睡眠
- 心理平衡

關於身體健康及長壽，長者最希望得到的五件大事

- 行得
- 食得
- 屙得
- 瞓得
- 猝死（少痛楚及短暫的死亡過程）

按照世界衛生組織的定義，65 歲前算是中年人，65 歲至 74 歲算是青年老年人，75 歲才是老年人。人的自然壽命應該是 120 歲，因為按生物學原理，哺乳類動物的壽命是其生長期的五至六倍。人的生長期是以最後一顆牙齒長出的年齡為標準，即 20 至 25 歲，因此人的壽命就是 100 至 120 歲之間。人生命有兩個階段，上半生是 0 至 60 歲，是播種耕耘、辛勤勞作的時期。下半生是 61 歲至 120 歲的收穫期，是溫馨、幸福、悠然舒適、享受生活的時期。人們可以從容地品味人生、欣賞人生。

人生六十才開始。生活在下半生收穫期的老人，經驗更豐富，知識更淵博。多數人已經不再為衣食、子女、名利操勞奔波，所以應該比上半生六十年更輝煌、更美滿、更幸福。日本厚生勞動省 2019 年 7 月 30 日公佈最新數據，香港男女平均壽命繼續蟬聯首位，女性為 87.56 歲，男性為 82.17 歲，是所有國家及地區中排名最高。不能活到 120 歲長壽的主要原因是癌症、慢性病（如心腦血管病、糖尿病等）及意外。

想獲得健康身體及長壽要有良好的生活和飲食習慣，要控制好入（食物、水、空氣）及出（大、小便），學識正確的呼吸，多做運動，控制體重，學習冥想以增強靜觀能力來控制和覺察自己情緒，克服失眠及40歲開始進行每年例行身體健康檢查。

現今互聯網普及，網上提供的健康資訊已經十分豐富，這一章我主要把行醫40年的醫學診斷經驗所得的信念以及如何實踐等與大家分享。

想有健康身體，需要身體檢查、運動與懂得呼吸、關注體重及飲食、睡眠充足及心理平衡。

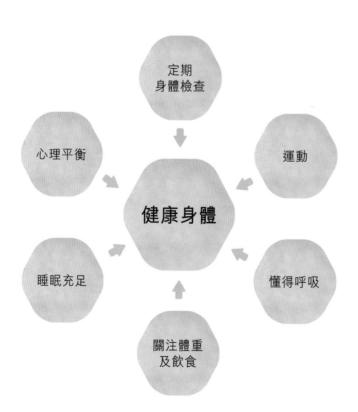

身體檢查

癌症

五十歲後致死原因最常見的是癌症、心血管栓塞及中風。雖然最新的醫學報告説，癌症只有小部分是因為生活不當而導致，大部分則是沒有原因，只靠運氣，30% 不能預防。幸好**癌症分四期，第一期及第二期，癌症腫瘤停留在受影響的器官，我們只需要切除腫瘤，便可以達到治療的效果。第三期癌細胞轉移到附近的淋巴，治療除了用手術割除腫瘤之外亦都需要做化療。第四期是腫瘤從原本的器官轉移到其他器官，通常會用化療藥、標靶藥、電療及最新的免疫治療法醫治。**化療藥會影響身體正常活躍細胞，副作用多。標靶化療藥較有針對性，但過一段時間後便可能因癌細胞變異而出現抗藥性。最新免疫治療法是透過注入能重啟人體免疫系統的藥，利用自身免疫力（淋巴細胞）認出及殲滅癌細胞；效果比較持久且副作用大大減少。

現今醫學昌明，第四期病人的存活率從以前只有幾個月伸延到兩年甚至十多年。問題是消耗大量資源，病人蒙受很大精神及肉體痛苦，家人也壓力大，所以**預防及早期診斷癌症是十分重要。**

自 1988 年離開政府醫院後，至今已經在私人 X 光醫學診斷中心工作了 33 年，工作主要是寫 X 光檢查及電腦掃描檢查報告，並替病人做超聲波檢查，協助私家及政府醫生診斷。中心又為市民提供全套身體檢查。我記得初開業時，我的中學同學因為感覺左邊陰囊不舒服，來到我診所

做超聲波掃描，結果正常。但以我的臨床經驗，我知道陰囊痛有時會是左邊尿道結石引起痛楚伸延到陰囊位置，所以替他掃描左邊腎臟看看腎臟有沒有因尿道結石阻塞而脹大，結果意外地發現是一期腎癌。他在一個星期內已經割除了腫瘤，之後常常介紹朋友同事來我中心做檢查。最近我邀請了他來參加我的感恩晚餐，席上他再次表達對我的感謝。

這些正向回饋讓我以後替病人做超聲波檢查時，都會順便檢查附近組織，不時因為檢查上腹部而發現卵巢癌，又因為檢查前列腺而發現肝癌等等。記得一位二十多歲青少年來我中心做例行身體檢查，完成超聲波全腹部掃描，我主動替他檢查甲狀腺，結果發現有早期甲狀腺癌症。因為第一期，手術後便沒有腫瘤復發。

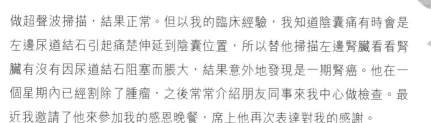

肝癌

早期我在伊利沙伯醫院接受專科醫生訓練期間，一位醫生同事感覺右上腹不舒服，自照超聲波才發現四期肝癌。我亦常常接觸到三十多歲的年青病人，因為感到不舒服來做檢查才發現肝癌，他們都是乙型肝炎帶菌者。香港人十個之中有一個是肝炎帶菌者。1988 年 1 月 1 日開始，政府才有注射乙型肝炎防疫針；所以每次替病人檢查肝臟，我都會追問病人是否肝炎帶菌者。如果不能確定，我便建議他們做驗血檢查乙型肝炎抗原、抗體。如果報告是陰性，便接受三次（當天、一個月後及六個月後）防疫注射。因為帶菌者比普通人有肝癌的機會大 100-200 倍。如果已經是帶菌者，每半年檢查肝癌的癌細胞指標甲類胎兒蛋白 AFP 及肝功能 LFT，每年做肝超聲波掃描。當菌活躍令肝發炎，肝癌機會便大增。如果經濟許可，最好是一年一次檢查 DNA 肝菌活躍性，檢查費用要一千多元；如果經濟不許可，也要兩至三年做一次 DNA 檢查。如果以前已經從血的接觸或性行為感染而得了抗體，病人會一生擁有抗體及免疫力。

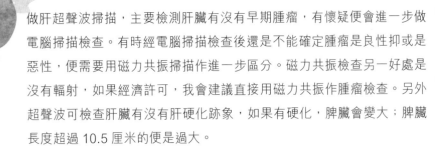

做肝超聲波掃描，主要檢測肝臟有沒有早期腫瘤，有懷疑便會進一步做電腦掃描檢查。有時經電腦掃描檢查後還是不能確定腫瘤是良性抑或是惡性，便需要用磁力共振掃描作進一步區分。磁力共振檢查另一好處是沒有輻射，如果經濟許可，我會建議直接用磁力共振作腫瘤檢查。另外超聲波可檢查肝臟有沒有肝硬化跡象，如果有硬化，脾臟會變大；脾臟長度超過 10.5 厘米的便是過大。

膽石與息肉

因常要替乙類肝炎帶菌者檢查肝臟，很多時都會無意中發覺病人有膽囊息肉或膽石。息肉成因不明，但可能同肥胖及高膽固醇食物有關。雖然息肉生長在膽囊內壁不會造成如膽石阻塞膽囊出口的危險，但如果息肉直徑大過 10 毫米，轉變為惡性腫瘤的機會便會增高，到時便有可能需要做手術。平時只需要定期一至兩年做超聲波檢查跟進便可以。

每次檢查到病人有膽石，我都主動提醒他們醫治膽石只有做手術割除，年紀大及無症狀者可定期觀察及戒口，中西藥及激光碎石都無用。如果超聲波檢查見到總膽管直徑粗過七毫米或膽囊發炎令到內壁增厚便需要做手術。如果症狀輕微而病人年青都值得做手術，因現今微創手術風險低，手術後休息幾天便無大礙。而膽石像一個計時炸彈，不能預測它何時會令到膽囊發炎。但年紀越大，手術風險越高，所以沒有症狀或者年紀大的病人只需要戒口，避開膽固醇高的食物及定期檢查便可。

在我的行醫生涯中，不時遇見病人確診有膽石，一兩個月之後，他們又回來要求再做超聲波檢查；因為他們的中醫説中藥可以化解膽石，有些病人甚至説吃了中藥後，幾粒膽石從大便中排出。我通常都有信心地告訴他們，我行醫三四十年都未見過中藥有效。另外就算藥物可以溶解膽石，但令到膽石產生的原因依然存在，所以很容易復發。

激光可以用來碎腎石，但是不能用在膽石上，因膽囊裏的膽石可以四周圍移動，難於被擊碎。另外擊碎後細微的膽石更可流到膽囊狹窄的出口，容易造成阻塞，令到膽囊發炎。所以我對他們說是否需要做手術可以慢慢同醫生商量，但中藥方面，建議不用嘗試。

乳癌

不少女病人經 X 光乳房造影檢查篩選發現早期乳癌，診治後癌症沒有復發及後遺症。女士 40 歲至 70 歲是患上乳癌的高峰期，香港 17 位女士終其一生便有一位有機會患上乳癌。想及早診斷出早期乳癌，有以下三種方法：

第一是觸診。如果未停經，便每次月經乾淨後加多五天，自己檢查乳房，看看有沒有新起的硬塊。如果有的話，便要記錄它的位置及大小，之後再觀察多兩三個月，如硬塊持續便要看醫生。相反地如硬塊在下個月已經摸不到或已經變小，這可能是乳腺增生而不是乳癌。

第二是超聲波檢查。覺得乳房痛或觸摸到有硬塊，可以用超聲波作進一步的檢查。檢查後發現有懷疑腫瘤，可以在超聲波督導下用幼針穿刺抽樣本檢查，抽取樣本過程不用 1 分鐘，痛楚也少於抽血檢查。這個檢查已經有幾十年歷史，並證實不會因為穿刺檢查而令到乳癌擴散到其他組織，所以是十分安全。

第三是 X 光乳房造影檢查。我們建議是 40 歲後兩年檢查一次直至 70 歲。70 歲之後不是不用做，而是檢查相距時間可以比較疏一點，可以三年或四年做一次。家人 45 歲前發病，遺傳機會更高。高危者 35 歲便需要開始每一至兩年接受 X 光乳房造影檢查。傳統 X 光乳房造影檢查給女士感覺是十分痛的，而現今乳房造影檢查已經改良，在冰冷的金屬板上

加上一層軟墊，所以比以前舒服很多。另外我通常會給病人心理準備。因為傳統乳房造影檢查需要用兩塊金屬板盡量將乳房壓扁，令診斷效果更好。如果病人不覺得痛，X 光技師會進一步加強壓力，所以希望病人盡量忍受，覺得痛便表示檢查很快完結了。新的 3D 乳房造影檢查不需要特別壓扁乳房，所以更受歡迎。有病人害怕輻射，平常背景輻射每年 3mSv，成人一年可接受 20mSv（minisievert）毫希輻射。傳統 X 光乳房造影只有 0.7mSv 輻射量。

 **腸癌**

我的幾個親戚朋友甚至醫生同學都在 40 歲至 75 歲期間，因為大便習慣轉變、大便有血或腹部發覺腫塊去看醫生才診斷出腸癌。經確診後，多數已經是第三期或第四期腸癌。而現在香港不論男女，最常見的癌症便是腸癌。政府已經推行免費大便隱血篩選。不過由於資源問題，香港市民要大便有隱血，政府才會安排免費大腸內窺鏡檢查；我每天替病人做超聲波檢查時，病人若年過 50 歲，我都會主動提醒他們做大腸內窺鏡篩選檢查，大便隱血呈陰性都不可以完全排除有早期腸癌。在私人化驗所或私家醫院做腸鏡檢查價錢大概六千至一萬元。

腸癌相對地生長得比較緩慢，所以早期經內窺鏡發現腫瘤可以即時刮除或者切除，不用切除部分大腸，值得大力推介。如發覺有息肉，切除後需要在 3 年後做第二次內窺鏡檢查。如果檢查正常，可以 5 至 10 年之後才做第三次。我常對病人說我已經做過兩次大腸內窺鏡檢查，雖然會發生穿腸的機會是八千至一萬分之一，但就算發生意外，只需要入院修補穿窿的位置便可。它的好處是可以及早發現是否有腫瘤。檢查前雖然要喝清腸瀉藥，但是瀉了四五次後便正常。幾位親戚朋友都因為我的推介才得知有腸癌並獲得及時治療，免除更大手術及接受化療的痛楚。

溫哥華島寶翠花園。坐在這裏看風景，心曠神怡，人也會健康些。

肺癌

我另外一個伊利沙伯醫院的 X 光診斷科醫生同事亦是在 40 多歲時，因為頭痛才去做檢查，結果發現是四期肺癌，腫瘤已經轉移到大腦。與病魔搏鬥了短短不夠一年便離世。養和醫院曾經舉辦一個用低劑量電腦掃描為一批私家醫生做肺部檢查，結果 100 人中都有一兩個被發現患一期肺癌。

男肺癌病人通常有吸煙的病歷。在香港女士患肺癌而不吸煙的卻很普遍，可能和空氣污染或者室內氡氣有關。建築材料是室內氡氣最主要的來源，普遍存在於花崗岩、磚沙、大理石、水泥及石膏等產品中。我一

個相識幾十年的醫生朋友，他曾經吸煙但沒做全身檢查及照肺。最近因心口痛來我中心檢查才發現肺部有陰影，跟着安排正電子／電腦斷層相融掃描作全身檢查，確診肺癌及有腫瘤轉移到附近淋巴，證實是三期肺癌，手術後需要電療及化療輔助。我建議吸煙者 40 歲開始每年照一次肺，不吸煙者可 40-50 歲開始每年照 CXR。

低輻射電腦掃描更有效。50 歲後高危者可考慮每一至兩年照一次低輻射電腦掃描。一張 X 光肺片有 0.1mSv 輻射，所以成人一年可接受200-300 張 X 光肺片檢查。低劑量肺電腦掃描約有 1.5mSv（20-60 張CXR）輻射量，所以不用害怕輻射量。咳嗽多過兩星期就需要照肺。從經驗所得，病人尤其是小孩子因傷風感冒咳嗽照肺片，如肺部清晰但症狀持續，可考慮照鼻竇；因傷風感冒會引致鼻竇炎，其分泌物倒流喉嚨，會令到病人常常咳嗽。

四期癌症雖然並不樂觀，但腫瘤科醫生告訴我，**病人如果愈不怕死及能樂觀面對癌症，他們的存活率會愈高，並且能夠做到控制腫瘤大細，與癌同眠。**當然最好能做到早期確診，免除晚期接受藥物治療及電療的痛苦。我覺得政府應該增加資源於預防疾病，例如增加康體設施、健康資訊及提供全民免費例行身體檢查，防範勝於治療。況且現今四期病人所接受的標靶治療及最新的免疫治療法費用都十分昂貴，每個月藥費可能要幾萬至十萬元。政府如果能夠提供全民免費身體檢查，財政上可能更加化算，市民又能少受苦楚。

🍃 慢性病

常見的慢性病有心腦血管病、糖尿病、腎病、慢性阻塞性肺病等等，這些慢性病大都由於不良飲食習慣及心理壓力大，導致血壓高、肥胖及高膽固醇，進而增加患病的風險。這些因素其實可以被控制。即使患病，

早些察覺得到也有藥可治。**50 歲之後要做例行身體檢查，早點查出慢性病及癌症是十分重要的。**

我同班的醫科同學已經參加了三年馬拉松長跑，跑足 42 公里。在他第四年想參加馬拉松比賽前心血來潮，先接受電腦掃描檢查三條主要冠心臟動脈，結果每條都有 70% 以上的栓塞，立即要做通波仔手術。大家有時從新聞中聽到參加馬拉松比賽的選手猝死，一部分原因也是心臟血管栓塞，令到心臟肌肉壞死而導至死亡。我建議大家 50 歲之後做電腦掃描檢查三條冠心臟動脈有沒有栓塞。用 64 排電腦斷層掃描心臟動脈輻射量約 12mSv。256 排雙源螺旋電腦斷層掃描的輻射量可低至 2mSv。

部分人腦裏天生血管瘤，血管瘤一旦爆破，病人很大機會致死或因腦細胞缺氧而半身不遂等。我亦建議 50 歲之後做腦部磁力共振，看看大腦裏面有沒有血管瘤或腦動靜脈血管畸形。

在我 40 多歲時，中心的業務已進入軌道，工作十分忙碌，每天放工後還要帶 X 光片回家寫報告。因病人多，輪候檢查時間太長，工作時常常收到病人投訴，造成有很大的心理壓力。近視也不停加深，一次見眼科醫生做例行檢查時，他發現我的視覺神經盤（optic disc）脹大，懷疑我有青光眼，要我到另一間醫學中心量度我的視野範圍（visual field），護士替我量血壓才無意中發覺我的血壓上壓是 210mmHg（正常是低於 120mmHg），立即開始食藥；幸好食藥後眼底的神經盤也回復正常。之後做電腦掃描冠心臟動脈例行檢查，又發覺心臟血管其中一條狹窄 21%，要吃降膽固醇藥，低密度壞膽固醇要控制少於 1.6mmol/l。如果沒有及早檢查，現在我可能已經中風、半身不遂或者心臟病死亡。

我幾個醫生朋友一生都不做身體檢查，原因是檢查可能出現假陽性而令自己虛驚一場。另外他們認為如果證實有癌症，接受癌症治療過程中身心會受到很大的苦楚，經濟上也有很大的壓力，所以希望保持當下有一個身體健康的良好感。萬一開始有症狀而發覺是四期癌症，他們會接受自己只有一兩年壽命的結果而坦然面對。至於心臟腦血管病，他們希望突然間心臟病發或腦中風猝死，可惜這是他們一廂情願，我也希望猝死，可是人生往往不如人意，結果只是半身不遂、中風後昏迷或因不能吞嚥而要用胃喉進食，那時真是生不如死。

糖尿病

現今糖化血色素持續高於 6.5% 都算是早期糖尿病。血醣值過高或反覆急升驟降等，對我們身體所造成的傷害很大。血醣值過高會造成免疫力降低，也會令到體內產生一種名為 AGE（advanced glycation end product）糖化終產物的壞物質，加速老化。

認識血醣

處於惡劣環境如地震後被困於瓦礫中，若能維持體溫及有水可喝，就算沒有食物，人也能夠存活近一個月左右，因人體會先燃燒被儲存在肝細胞等處的肝醣。若肝醣也用完，則會將脂肪細胞中的中性脂肪（三酸甘油脂）轉換成葡萄糖後釋放至血液中，以維持生命。為了生存，我們具有攝取糖分的天性。

每次吃完糖分，血醣值升高，大腦會分泌血清素及多巴胺，人們會覺得亢奮，人體就彷彿獲得了獎勵，感到幸福無比，所以吃糖會上癮。血醣值大幅下降會引發焦躁、嗜睡、倦怠、嘔心、想吐、頭痛等不適症狀。

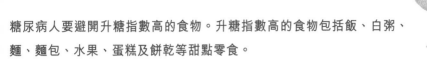

糖尿病人要避開升糖指數高的食物。升糖指數高的食物包括飯、白粥、麵、麵包、水果、蛋糕及餅乾等甜點零食。

如何減慢血醣急升

同樣份量的食物分成多次一點點地吃，會比一次吃完更不易令血醣急升。一日三餐變為五餐或六餐。餐後立即做運動例如：散步、做深蹲或做伸展等簡單的體操，就能抑制血醣值上升幅度。碳水化合物要和油脂一起吃，例如：食麵包時加入橄欖油，可抑制血醣值上升。**選擇進食接近自然形態且需大量咀嚼的食物。進食時先吃蔬菜及肉類，最後才吃含糖分的食物。**

進食時充分咀嚼，慢慢進食，咀嚼令腦部的飽足中樞送出已經吃飽了的信號，並讓食物和唾液所含的消化酵素徹底混和，最好至少要花 30 分鐘來用餐。

糖化血色素（HB A1C）

糖化血色素數值可以用來觀察過去一至兩個月的血醣值變化趨勢。糖化血色素是 AGE 的初期反應物質（初期糖化物質），所以由測量葡萄糖與蛋白質或脂肪結成後的殘餘物便可知道過去一至兩個月的血醣值情況，若過高就有罹患糖尿病的可能性；如果糖化血色素持續高於 6.5% 可列入早期糖尿病。

我的建議、信念及實踐

┃ 檢查身體 ┃

我建議 40 歲之後，每年約見家庭醫生作臨床例行檢查如量度血壓。血壓高是上壓超過 140mm 而下壓超過 90mm。跟家庭醫生商量到Ｘ光診斷中心做全身檢查包括肺部照Ｘ光，看看有沒有早期肺癌，做心電圖測試心臟功能，驗血檢測肝功能、腎功能、血全計、血醣、膽固醇及血脂等。

50 歲以上的例行檢查，我們建議跟家庭醫生商量做超聲波全腹掃描，看看有沒有腫瘤、膽石及腎結石。男士們要檢查前列腺有沒有肥大和驗前列腺癌細胞指標 PSA。預防前列腺過早肥大，平時盡量不要忍小便。

55 歲之前要考慮做大腸內窺鏡檢查，因大腸癌是香港人最常見的癌症。大腸癌生長比較緩慢，如果內窺鏡看到了早期的腸癌或息肉便可以直接切除，達到診斷及治療的效果。

建議大家 50 歲之後做電腦掃描，檢查三條冠心臟動脈有沒有栓塞及做一次腦部磁力共振掃描檢查。每年或每半年見牙醫洗牙，也每年見耳鼻喉科醫生檢查聽覺及鼻咽。每年往眼科醫生接受眼底檢查，看看有沒有白內障、青光眼或視網膜脫落。

┃ 我的飲食信念 ┃

食物提供我們碳水化合物、蛋白質、脂肪、維他命、礦物質、纖維及水分。我建議飲食盡量多元化，多纖維，少紅肉。烹飪多用

蒸或焓的方法，少用煎炒。盡量避免進食過量鹽分、過量糖分、煎炸、加工及已經醃製的食物。

身體有防禦、殲滅（病毒、細菌及毒素）及自療的能力（免疫系統），而自癒需要足夠時間。食少量含致癌物質的美食不用害怕，偶爾放縱而令心靈快樂可以接受。**我的飲食信念是基本上不用戒口，所有食物對身心都有益處，但要食量適中，進食時懷感恩之心及享受當下。**少量進食不怕對身體有害或致癌，因為致癌食物要有足夠份量或長期食用才發生作用。進食少量，我們身體的免疫系統可以對付。這樣所有食物都是補品，增強自己的免疫系統才是重要。

我的實踐

我的早餐及午餐比較豐富，晚餐比較簡單；我一定會吃早餐。食物選擇少鹽、少糖、少肉、少油、多吃不同顏色蔬果、多體驗不同美食。每口食物都視為享受美食般咀嚼四十下，享受食物的嚼勁、香氣、質感及酸甜苦鹹鮮味道，咀嚼食物變成液體才嚥下。這樣食物既容易消化而又能享受食材味道，滿足食慾，活在當下。飲酒適量或不飲酒，不吸煙，日飲八杯水。早上 11 時吃一隻香蕉，工作時間用核桃、果仁作零食，家中盡量不存放零食。晚上睡眠前 3 小時不吃喝。晚上 11:30 前睡覺，早上 6:20 起床，下午 3 時午睡 20 分鐘。

病從口入，常見的慢性病及癌症大多與飲食習慣有關。關於常見慢性病的致病因子，對健康身體有害的因素及健康食物良好的生活習慣等題目，可參考我的 wordpress 文章 https://wp.me/p6OFG6-1V 或從互聯網取得更多訊息。

飲食及控制體重

素食

廣泛指一種以植物為主的食糧，同時不進食部分或全部動物的肉、內臟及其製品的飲食模式。實踐這種飲食文化的人被稱為素食主義者。

世界各國或不同文化中的素食主義有所不同。素食者大致可分為四類：全素食／純素食（vegan）、蛋奶素食、蛋素食和奶素食。純素食主義者不食用包括蛋類、奶製品在內的任何與動物有關的食品。

全素食再配合吃整全食物[註]，避開精製食物及食生（40℃以下）對健康更有幫助。食生可保存植物生化素、維他命 C 及酵素等。研究表明：全素飲食可以調節人體菌群，對改善 2 型糖尿病、肥胖、炎症，以及促進代謝方面有着積極的影響。

主張素食主義的原因包括環保、健康及保護動物權利，排除對動物的剝削與虐待；就算要屠宰動物作食物用途，也要人道地對待牠們。

不食蛋類及奶類，其原因是母牛與母雞的飼料受環境污染而含有害物質，故此奶及蛋也含有污染物，需要避開。

純植物飲食者應該注意維他命 B_{12} 及鐵的攝入。包含 B_{12} 的食物有豆奶、酵母粉、早餐全穀類等。含鐵的植物性食物來源有紅豆、菠菜，可透過補充富含維他命 C 的食物協助鐵質吸收。

🍃 纖維素

纖維素可紓緩便秘、預防大腸癌、穩定血醣及降膽固醇。日常食物含豐富纖維是已知預防大腸癌的最有效方法，纖維可以減緩食物中糖分及脂肪的吸收，又可以促進大腸內益菌的生長，降低血脂尤其是低密度壞膽固醇，以及容易令人飽肚，幫助減低食慾。

白飯加糙米、紅米或燕麥，瓜菜及生果都是多纖食物，但果汁不能代替水果。我喜歡用高速攪拌機將不同蔬菜如紅菜頭、羽衣甘藍、亞麻籽、菠菜、甘筍、香蕉、蘋果等製造成蔬果種子混合汁飲用，增加纖維素。高速攪拌機能將蔬菜的細胞壁打破，增加我們吸收蔬果細胞裏面的植物生化素、維他命 C 等營養。

🍃 脂肪

脂肪也分好和壞。好脂肪如堅果、高脂肪魚（omega-3）、亞麻仁和奇亞籽 / 葵花籽對人體有益，有消炎作用，可令血管更健康，降低血液中的甘油三酯。單元不飽和脂肪可減輕血管硬化。多元不飽和脂肪有消炎作用，但過多會影響免疫力。飽和脂肪是壞脂肪，會引致血管硬化及脂肪肝。反式脂肪是最壞的脂肪，多國已禁止使用，而香港則立例要在食物標籤中列明它的含量。食用油在高溫下也會產生反式脂肪，所以應避免吃煎炸食品。食油應盡可能不過其沸點，否則會令油變質而產生對身體有害物質。

註：整全食物，是只吃天然原狀的食物。

我的實踐

　　我十分認同素食，不時光顧素菜館；又用高速攪拌機製造蔬菜、果仁及水果飲料，增加維他命及纖維的吸收。由於環保及動物權益的原因，我盡量減少進食肉類。不實行純素食是因為我希望身體從各種食物中可以獲得均衡營養，因為在例行檢查發覺我缺乏維他命 B_{12} 及維他命 D_3，因此增添了含有多種維他命及礦物質的補充食品。

呼吸

我喜歡問新朋友及來聽我講座的聽眾懂不懂呼吸。看見他們十分愕然，我便洋洋得意。平常人不會意識自己的呼吸，也就不會想這個問題。我提出這個問題，主要是帶出呼吸有兩種方法。**第一是橫隔膜呼吸法**或者叫做腹部呼吸。**第二種是胸腔呼吸**。每天工作，我都需要病人合作用橫隔膜呼吸法吸氣；橫隔膜會將肝臟向下推，我便可以在肋骨對下的位置檢查肝臟。因為這個緣故，我發覺很多香港人都不懂得用橫隔膜來呼吸。病人用了胸腔呼吸法，吸氣時胸骨擴張橫隔膜上升，肝臟便向上移動，我要從肋骨中間才可以看清楚他的肝臟，視野也不及在肋骨下面觀察肝臟的方法。

橫隔膜呼吸法

理想的呼吸方法是腹式深呼吸法。當你吸入空氣，橫隔膜降低進而令到腹部隆起。呼氣時腹部下陷，橫隔膜上升使空氣從肺排出來。與胸腔呼吸比較，它有助一次吸入多點氧氣。血含氧高些，皮膚可更光滑，腦細胞氧分足夠，長遠而言，患老人癡呆機會也會減少。

我會即時教導病人鍛煉的方法，躺在床上，手放在肚臍上，盡量呼氣令手移開向脊骨的方向，當吸氣時手便被彈上來。學識用腹部呼吸，每次吸入的氧氣量都會比胸腔呼吸多。深呼吸的好處是當血含氧量高，皮膚會更加光亮滑溜，腦細胞退化的機會也會少些，又能夠令血壓及心跳降低，放鬆身體，可產生平靜效果及恢復自律神經平衡，有減壓的作用及能紓緩痛楚感覺。

自從我開始察覺及用腹部呼吸法，我的覺察力也提高，平時行路都會久不久覺察自己腹式呼吸法。我又將這個方法應用在游泳及身體鍛煉方面。例如舉重在用力的時間呼氣，在放鬆肌肉時吸氣。跑步時我會用腹式呼吸法吸入空氣，心裏數兩下，同時間跑出兩步，依着這個節奏配合呼吸與步法，結果我在跑步機上跑步可以跑多五分鐘而依然覺得呼吸暢順及有氣有力。游水時更加容易掌握這個呼吸的節奏。鼻孔離開水面，我們自然需要吸氣，鼻入水後便需要噴氣。跟着這個節奏及用腹部呼吸，游渡海泳甚至跑馬拉松也沒有難度，因為每個動作你都能吸足夠氧氣，肝臟能夠及時將體內的脂肪酸轉化成血醣，供給肌肉製造能量以供下一次的動作使用。人們便可以像機械一樣不停運作下去。我們需要循序漸進來訓練我們的肝臟，加速它轉化製造血醣的能力。只要有毅力及循序漸進地加長跑步時間，人人都可以跑馬拉松。

以前如果和病人交談或去講書，不夠半小時已經聲沙。記得有一次和同學去離島遊船河，我們上岸遊玩後回到碼頭發覺遊艇泊在海上距離碼頭約兩條街那麼遠。我們大聲叫喊但船夫也沒有反應，但是其中一個同學大聲一叫，聲如洪鐘，即時叫醒了那打瞌睡的船夫，我們才不用再苦等。另外 BB 大喊 1 小時也不會聲沙，這是因為他們用腹部呼吸法，吸入空氣後才慢慢説話，不是用喉嚨來發聲。我第一次學唱歌的時候，老師已經提醒我用丹田即腹部呼吸法來唱歌。

另外知道用橫隔膜呼吸，察覺到呼吸及身體上肌肉與關節感受，可應用在身心運動方面例如太極和氣功等。吸氣時將雙手伸前或提高，呼氣時將雙手收縮回來或放下，將呼吸、伸展及意念聯繫起來便是身心運動。這可鍛煉我們開始關懷照顧自己的身體，察覺自己的一舉一動。自我覺

察力加強後，除了可覺察自己的身體，更可以覺察及控制自己的情緒，獲得靜觀的好處。

知道了有腹部呼吸和胸腔呼吸法之後，好處是當一個危險情況發生，例如：汽車墮入河床或幾年前一批泰國的學生被洪水困在洞穴裏，需要潛水游去另外一個洞穴逃生。這兩個情況下如果你能夠一次深呼吸獲得最多氧氣，這樣當你打開車門游上水面或潛入水中游過另外一個洞穴，時間便會可以長一點，這一點點時間便足以救命。方法是先用腹部呼吸令到肚脹，吸夠空氣後再用胸部呼吸法擴充肺部，這樣兩個方法一齊使用便可以吸入最多的空氣，讓我們的血透過微絲血管的薄膜吸取更多支氣管裏面空氣內的氧氣。

運動

運動分五種

第一種是帶氧運動：鍛煉心肺功能，最簡單我會介紹平甩功（https://www.youtube.com/watch?v=2fGQ0W-RKfl）。它是由台灣的李鳳山老師推廣，甚至是坐在輪椅的老人家也可以進行這個運動。**帶氧運動最好達到心跳率 =（220- 年齡）× 70-80%**。中等強度運動——可分多節，每週五次，每次 30 分鐘。每日步行 8000 步等於 30 分鐘中等強度體能活動。行路、競步、踩單車、打乒乓波、游水、跑步等都可以鍛煉心肺。可消耗 150 至 200 卡路里，大約等於減去 0.04 至 0.06 磅（3500kcal 卡路里 =1 磅體重）。

第二種是強化肌肉運動：增強肌肉力量與耐力，也改善肌肉及脂肪比例。

肌肉強壯可以保護我們的關節，另外也可以達到減肥效果。緊記用力時呼氣，放鬆時吸氣。深蹲可訓練腿四頭肌。Pilates 如平板支撐可以訓練核心肌肉。

第三種是平衡運動：如單腳站立、太極。

第四種是伸展運動：例如瑜伽，讓筋膜肌肉有足夠的伸展，可增加柔軟度及減少受傷。

第五種是身心運動：如太極拳、八段錦、瑜伽及易筋經。身心運動講求意念專注於呼吸、肢體動作（肌肉、關節）及感覺，放鬆地深長呼吸並配合動作。

運動的好處

運動可增加血氧、幫助血液及淋巴液循環、增強心肺功能、排除毒素廢物、克服疾病。有氧運動如跑步、走路、游泳及騎單車使血壓及膽固醇下降，活化關節，增加鈣質。科學家發現運動會促進腦細胞成長的「BDNF」（brain-derived neurotrophic factor 神經滋養因子）蛋白質大量產生，大幅提升了記憶力、專注力和語言能力等認知能力。

這樣運動能使你更專注、更快樂、更有創意、減少焦慮和壓力、增強記憶力。跑步 30 分鐘，腦會釋放腦內啡肽亦稱腦內嗎啡或安多酚（endorphin）。腦內啡肽是屬於補償機制，減低因鍛煉而產生的痛楚，令我們不會放棄這對身心有益的運動。也會增加去甲腎上腺素（norepinephrine）及血清素（serotonin）的化學物質，可放鬆神經令情緒愉悅、減低抑鬱程度、止痛及增加身體免疫力和幸福感。

跳繩及跑步可預防骨質疏鬆。運動不要過勞，20 至 60 分鐘便足夠。瑜伽及 pilates 可鍛煉核心肌群，紓緩腰痛。

四頭肌

記得一次到香港大學聽關於幸福人生的講座，講者提到年紀大，要能自己照顧自己、不需要坐輪椅及去洗手間不需要人攙扶，對挽回我們的自尊心十分重要。我十分認同，因為我亦都遇見一些病人去完踎廁後自己不能站起來，結果要動用其他人幫助，真是十分尷尬。

因此我們要鍛煉四頭肌來保持個人尊嚴，好讓晚年有自我照顧能力，腳力及膝關節正常，可以行走，不用坐輪椅。鍛煉四頭肌，可雙手伸前，慢慢蹲下，雙手保持伸前，心裏慢慢數 20 下至膝頭哥成 90 度屈曲。維持這個位置心裏再數 20 下，之後慢慢站直，心數 20 秒完成整個動作。除了幫助維持自己的尊嚴，四頭肌也是我們的第二個心臟。所以一定要好好鍛煉，示範如下：
https://www.youtube.com/watch?v= pfw2KYdZlg8
*資料來源：youtube

核心肌群

核心肌群指的是可以穩定人體中段的相關肌群，包括腹部肌肉群（腹橫肌、腹內斜肌，但腹直肌除外）、背脊椎骨的肌肉（背肌 erector spinae muscle、多裂肌 mulltifidus、迴旋肌 rotatore）及提起收縮肛門的盆腔底肌等。**行路時啟動核心肌肉，昂首挺立站高及挺起胸膛，令到旁人感覺到你的自信；不要垂頭駝背。**

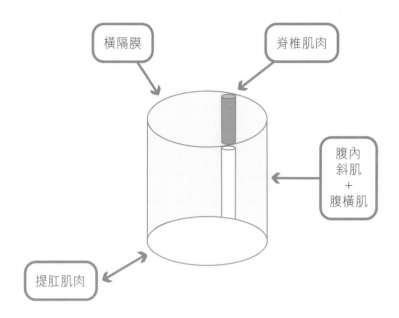

橫隔膜

脊椎肌肉

腹內
斜肌
＋
腹橫肌

提肛肌肉

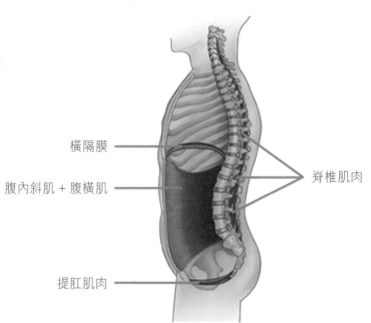

橫隔膜

腹內斜肌 + 腹橫肌

提肛肌肉

脊椎肌肉

內核心肌群

普拉提（Pilates）可訓練核心肌群。練習核心肌肉時，出力收緊核心肌肉時是吸氣，這和練習其他肌肉剛剛相反，例如舉重，出力時是呼氣的。其中最好的動作就是平板支撐（plank）。平板支撐是一種類似俯臥撐的肌肉訓練方法，在鍛煉時主要呈俯臥姿勢，用手踭及腳將身體提高並保持身體平直。可以有效的鍛煉腹橫肌，被公認為訓練核心肌群的有效方法。示範如下：

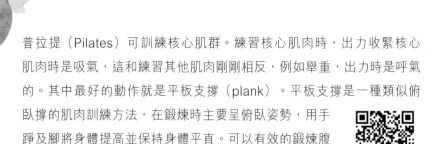

https://www.youtube.com/watch?v=kF2nnAQd4fQ

*資料來源：youtube

姿勢

不良姿勢令血液、淋巴液、神經及經絡輸送受阻而產生病痛，影響健康及情緒。要經常留意自己姿勢，平衡左右，覺察自己身體重心及關節位置。

我們需要不斷留意自己的走路姿勢及坐姿。走路時身體盡量伸高一點，兩邊膊頭向後扳，避免寒背，給人一個很有自信的感覺。面部保持笑容，留意自己是不是用腹式呼吸法，也可不時啟動核心肌肉，令走起路來步姿輕盈。坐姿方面盡量避免成個人挨在椅背，應該坐前離開椅背，啟動核心肌肉保持腰骨挺直，減少腰骨背痛。

我的實踐

參加健身室短期訓練，認識健身室內的健身器材的運用及正確運動姿勢，每組器材的動作做 10 次至 15 次，做至剛剛沒有力便是適當。認識到做舉重等運動，出力時呼氣，放鬆時吸氣，並注意到關節的活動和位置感。

跑步時，吸氣跑兩步並心裏面數兩拍（一、二），呼氣亦跑兩步並心裏面數兩拍（一、二）。由於呼吸的節奏好，肺部能吸收足夠氧氣，所以跑步的持久力有所增長。

運動時能啟動核心肌肉，可穩定人體中段，身的中區好像由累贅的水袋變成冰柱，感覺上整個人也輕盈了，令運動的成效與成績整體增加提升了 10% 至 20%。

每天早上做一套糅合氣功、八段錦、瑜伽等自創的動作。用呼吸配合動作及注意關節的活動和位置，伸展肌肉及鍛煉平衡。蹲下鍛煉四頭肌，並會用手指梳頭、按摩穴位、拍打雙腳、轉動眼球及轉動舌頭等動作。

晚上九時練習瑜伽及靜觀，加強自己對身體各部分的覺察及控制力。邊看電視邊做柔軟體操，平板支撐鍛煉或做台灣李鳳山師父的平甩功。

每星期都會到旺角市政大廈或歌和老街壁球及乒乓球中心跟教練練習壁球或乒乓波 1 小時。記得一次閱讀南華早報，記者訪問了一個 100 歲的長者關於養生之道。他說會每星期兩次和另外一個 80 多歲的波友打乒乓波。我即時覺得這個主意十分好，因為打乒乓波運動量足夠，可訓練身體對外來刺激的反應，而最重要是它的創傷性少，沒有網球的網球肘（tennis elbow）。打羽毛球亦都常常因缺乏熱身而扯斷腳筋，乒乓運動相對安全；消費也十分相宜。

減肥及脂肪肝

世界衛生組織建議，亞洲人只要身體質量指數（BMI）超過23即屬肥胖。

$$BMI = 身體質量指數 = 重量（公斤）÷ 高度（公尺）^2$$

但很多時 BMI 無超標但腰圍超標者，仍可歸類為中央肥胖，具較高的患糖尿病風險。

醫學界發現體內脂肪的分佈與心臟病的發病率有直接關係，所以有「蘋果型」與「梨形」的分別。「蘋果型」是形容積聚脂肪於腹部，即屬中央肥胖；此類人士患上心臟病、中風、糖尿病、高血壓和膽石的風險較高。「梨形」人士的脂肪積聚於臀部和大腿，多集中在表皮之下，患上靜脈曲張和退化性關節炎的風險較高。

中國成年男性如腰圍逾90厘米（約35.5吋），女性腰圍超過80厘米（約31.5吋），即屬中央肥胖。

另外可以量度腰臀圍比例 = 腰圍 ÷ 臀圍
臀圍是量度臀部最闊的位置。量度腰圍是量度腰部最小的位置，大約是在肚臍上方的部分。

男士比例細於 0.9，女士細於 0.8 屬於正常。
男士比例大於 1.0，女士大於 0.85 便屬於高危。

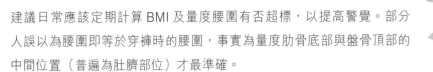

建議日常應該定期計算 BMI 及量度腰圍有否超標，以提高警覺。部分人誤以為腰圍即等於穿褲時的腰圍，事實為量度肋骨底部與盤骨頂部的中間位置（普遍為肚臍部位）才最準確。

男士中等身材及中等日常工作量，每天約需要 2000-2700 kcal；女士約需要 1500-2000 kcal。

如何減肥

每天我幫助病人做超聲波檢查，不時會發覺他們的肝臟比右腎更為光亮，大部分原因都是因為脂肪肝影響。**脂肪肝的成因有四大類：第一是飲酒，第二是糖尿，第三是體重過高，第四是新陳代謝問題或遺傳影響；**最常見的原因是身體過重。我告訴他們只需要減體重 10%，脂肪肝是可以完全正常。病人經常請教我減肥方法，我好樂意向他們講解。

我對他們說：現在看看時間 11 點鐘。由今日 11 點到明天 11 點的 24小時內，根據你的身型，你大概需要 1500-2500 kcal 能量才能維持你每日所需用以呼吸、思考、工作及維持心臟跳動。

如果你每日只吃下所需要的能量而又多做運動，額外所需的能量便要從你的肚皮或肝臟脂肪提取；如果完全不喜歡運動，只吃少於每天需要的能量，也可以達到減肥效果。**想節食需要克服兩樣東西：第一是吃的慾念，第二是飢餓感覺。**跟着我會向他們介紹最新的美食減肥法，即是慢食，完全不用戒口，東坡肉可進食。我會問他們最喜歡吃甚麼？如果是雞髀，咬了一口雞髀連雞皮進入口腔，先用牙齒咀嚼，享受食物的嚼勁，雞皮是不是彈牙，雞肉是不是滑嫩。咀嚼四十下或以上，當食物變成液體，使用味覺享受它的鮮甜，跟着嚥下雞汁，再從鼻腔後呼出空氣，嗅一嗅是不是美食家肥滔先生所說雞有雞味。

慢食減肥

慢食有三個好處:

第一好處是咀嚼四十下,除了因牙齒上下咬合的動作會刺激腦部,令腦袋思想更敏捷外,腦被騙以為吃了很多東西,好快便滿足了飢餓感。

第二好處是口水已開始幫助消化,咀嚼後食材變糊狀,好易被腸胃吸收。養分經血管流入大腦,腦袋便會發出飽的訊息;如吃得太快,食物在胃裏還要等胃酸去消化,結果要多吃才可滿足食慾,之後會覺得過飽。飲多了水可經腎排出來,但吃多了的能量,只會轉化成脂肪藏於肝(脂肪肝)或肚腩上。

第三好處是慢食能讓我們可欣賞食材滋味,活在當下。一行禪師的蘋果禪便是食蘋果時,察覺蘋果的味道和質感。咀嚼香蕉四十下,香蕉都變成香檳。如果吃得太快,細塊食物依然在胃裏面,需要用胃酸慢慢將它們消化,所以大腦覺得你吃了一碗飯時,其實你已經吃了三碗飯。慢食後,以前吃兩碗飯才飽肚,現在可能吃半碗飯已經感到好滿足。太遲吃晚飯,睡覺時胃酸倒流會導至食道炎及食道癌。

一磅的脂肪大約含有 3500 kcal,男士每天約需要 2500 kcal。如果今日開始每天吃 2000 kcal,一星期後,我們便可以減到一磅的體重。這是理論,因每人身體結構不同。一個十分肥胖的人根據這個食法,可能一個星期已經減了三至四磅。因為脂肪裏面含有很多水分。但如果只是略為肥胖,就算用一星期的節食方法,可能只減半磅。跑步 15 分鐘跑程 1.5-2 km 或游泳 20 分鐘才消耗 150-200 kcal。如不明白何謂 2000 kcal 的食物?你可請教營養師。

醫務衛生署建議的 1500 kcal 餐單

早餐	火腿三文治 1 份＋脱脂奶 1 杯
上午小吃	細蘋果 1 個
午餐	白飯／意粉 1 平碗＋七彩雞絲（去皮雞胸肉 2 兩）＋菜 3 兩
下午茶	焓粟米半條
晚餐	白飯 1 平碗、鮮茄洋葱豬扒（沒骨瘦豬扒 2 兩半）＋菜 3 兩
小食	提子（葡萄）10 粒

與每日攝取卡路里過多比較，其實每日攝取糖分過多也是造成肥胖的主要原因。

肥胖的原因不是油，也不是肉，其實是攝取過多醣分（碳水化合物）有關。想維持體重，男性一天只可攝取 120 公克以下，女性一天在 110 公克以下為攝取標準。一份烏冬麵相當於 13 顆方糖。

身體會分泌胰島素將剩餘的葡萄糖轉化成肝醣，然後儲存在肝臟或肌肉的細胞中，多餘的葡萄糖就只好轉變成中性脂肪，並存入脂肪細胞及肝細胞中，這便是肥胖及脂肪肝的原因。脂肪一旦攝取太多，就會隨着糞便排出，並不會留在體內，但糖分卻會 100% 被人體吸收。

身體內的膽固醇 10% 是從食物攝取，90% 是肝自己製造。不必介意蛋黃的膽固醇，因為九成的膽固醇是由肝所製造。壞膽固醇 LDL 中的氧化 LDL 及 AGE 糖化 LDL 對血管造成的傷害更大。

過量蛋白質及氨基酸會破壞腎臟，因為蛋白質的新陳代謝會在人體內產生尿素兒等毒素，所以過量吸取蛋白質會加重腎臟的負擔導致嚴重損傷。

睡眠

心理學家 Joseph Murphy 認為睡眠是讓身體和心靈暫時與現實世界隔離，使潛意識可以在不受干擾的情況下執行任務，發揮它的功能，包括腦部在內的所有器官都可以回復在自然狀態下運作，同時修補身體和心靈的損耗。睡眠可以讓心靈參與一些更高層次的活動，就是不受拘束地思考和做夢。**睡眠是意識和潛意識世界在溝通交流的重要時刻。**

睡眠令身體及精神恢復活力，增強記憶力。晚上最好午夜前入睡。理想在十一時前睡眠，午夜前睡一小時相當於午夜後睡兩小時。

每晚睡 8 小時，午飯後小睡片刻，最好不多過 1 小時，松果腺（pineal gland）分泌褪黑激素（美樂托寧 melatonin）。進食美樂托寧可幫助睡眠，更有抗衰老及長壽的功效。

世界衞生組織（WHO）對失眠的定義包括以下四項：
第一是難以入睡，難以維持睡眠狀態，睡眠質素差；
第二是失眠問題每星期至少三次，至少持續一個月；
第三是日與夜也想着睡眠問題所帶來的影響；
第四是睡眠問題令患者有明顯困擾及影響日常生活。

每個人或多或少都曾受失眠的影響。成人每天約需 6 至 8 小時的睡眠。對付失眠，第一最好有一個定時睡眠的習慣，另外睡房亦都要保持寧

靜舒適。睡前熱水泡腳或睡覺前一個半小時沖熱水浴,水溫攝氏 40 至
42.5 度是最佳的洗澡水溫。另外睡房窗簾遮陽光、無電視、不看書、關
掉手機和用 4 吋厚床墊等都有幫助。

身體放鬆睡眠法

覺知呼吸,自我掃描及放鬆身體。

躺在床上之後將全身肌肉放鬆。方法是先緊握左手拳頭 5 秒,跟着放鬆
手指,感覺手放鬆。失眠時躺在床上,將全身肌肉收緊,維持 5 秒鐘才
放鬆,便可以感覺到全身放鬆。身體放鬆後,先掃描全身看看額頭有沒
有皺眉頭,面部肌肉有沒有收緊,膊頭有沒有放鬆,其他手腳有沒有放
鬆。覺得身體放鬆後,便開始專注自己呼吸。開始數息(一吸一呼)。
先用腹部呼吸,在呼氣的時候心裏唸 20,跟着吸氣,吸氣時心裏唸 19
直至到 0。作用是令到腦袋不會胡思亂想,但要完全不想東西或放空是
十分困難的,我們唯有將注意力放在呼吸上。如果還未睡着便可以由
50 開始倒數。重複做單調的指令,會使大腦的思考力減弱,最終昏昏
入睡。

失眠的主因是肌肉緊張、思考過度、雜訊過多;通過念力令全身肌肉放
鬆,將意識放在呼吸上,使頭腦沒有時間組織無謂思考,心情逐漸平和
便會進入睡眠型態。

478 呼吸法

美國亞歷桑納大學醫學教授威爾(Andrew Weil)介紹一款「478 呼吸
法」,透過調節呼吸令更多氧氣進入肺部,放鬆副交感神經,能有助減
輕焦慮和憤怒反應,從而幫助入睡。**步驟非常簡單,用鼻子吸氣 4 秒,**

再憋氣 7 秒，接着用 8 秒呼氣即完成一個呼吸循環。重複動作四次後，就可以感覺到濃濃的睡意。

除了呼吸法，更可加上自我催眠法。首先躺在床上放鬆心情，然後慢慢在腦海中跟自己講：「每一日在各方面，我都會越來越好」，跟自己的潛意識溝通，安慰自己不需要擔心，一日會比一日好。

將床與睡眠聯繫一起，避免在床上看電視、看書、玩手機等。床是留給睡覺用，如果躺床超過 20 分鐘還睡不着，便果斷起床，在客廳做靜態放鬆的事，如坐在椅子上閉上眼睛專注於呼吸，感覺疲勞了再上床，重新建立床與睡眠的連結。

半夜去洗手間也不要亮燈。另外如果爭取到中午飯後睡 20 至 30 分鐘，餘下的半天便可以精神充沛。

精神科專家及諾貝爾得獎主 Professor Walter Rudolf Hess 的意見：「如果你不能入睡，那麼向自己承認你正在失眠。將你的四肢安放在一個舒適的位置，並且享受那全身鬆弛的感覺。跟着，盡情回味一些愉快的往事，而不用憂慮時間的消逝，最後睡眠必定降臨。」

陽光的效用

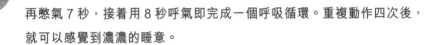

曬太陽讓生理時鐘維持正常狀態。當太陽下山，褪黑激素（melatonin）就會開始分泌，我們的身體就會慢慢進入休息狀態。褪黑激素不但能抑制癌細胞的增值，也能提高免疫力。

曬太陽又能讓腦內一種稱為血清素的腦內傳導物質增加，血清素有令情緒亢奮的效果；所以曬太陽能讓你的心情變好，順便接觸大自然。曬太陽又能讓體內產生維他命 D，維他命 D 能維持骨骼健康。

預防老化

當葡萄糖與氧氣結合，會產生水、二氧化碳以及能量。在此過程中因葡萄糖而產生的「醣化」、因氧氣而產生的「氧化」等不良現象，會加速人體的老化。

血醣值高，蛋白質或脂肪一旦與過剩的葡萄糖結合便會產生名為 AGE（Advanced Glycation End product）醣化終產物的壞物質，AGE 正是各種疾病及老化現象的罪魁禍首。AGE 產生會導致 AGE 受體的巨噬細胞生成，引起細胞發炎。這樣的慢性發炎，會導致血管壁變差。AGE 附在過濾廢物的腎膜上製造出孔洞，導致蛋白質流出至尿液中，引發嚴重的糖尿病腎病變。因此 AGE 被認為是各種疾病的形成原因。

我們體內的蛋白質有 70% 是膠原蛋白。當 AGE 附着於膠原蛋白上，就會變得無法自由伸縮而失去彈性，形成皺紋和斑點等皮膚老化現象。紫外線也可以使到 AGE 大幅增加，造成皺紋斑點。炸薯條或食物中金黃焦脆燒焦的部分含特別多 AGE，也含有多環胺類及丙烯醯胺等致癌物質。

黃豆的異黃酮、藍莓及紅酒的花青素、咖啡及紅茶的單寧、綠茶的茶兒素、洋蔥裏的蘆丁及巧克力的可可多酚都有防止老化及恢復青春活力的作用。

免疫力

 **免疫系統**

免疫系統由免疫器官（脾臟、骨髓、胸腺、淋巴結、扁桃體 tonsil、腺樣增殖體 adenoid 等）、免疫細胞（淋巴細胞，吞噬細胞等）以及免疫分子（淋巴因子、免疫球蛋白、溶菌酶等）組成。75% 免疫系統在腸道。

自體免疫系統有表層屏障、先天免疫系統及後天免疫系統三層防禦。免疫系統是我們的維和部隊，T 是胸腺（thymus）的英文縮寫，T 細胞由骨髓製造，經過胸腺成長，T 細胞包括天然殺手細胞、輔助細胞與及調控型 T 細胞（負責抑制與調節）。B 細胞在骨髓製造，B 可解骨髓（bone marrow）或法氏囊（bursa）。經過 T 細胞激活便會產生抗體，如手榴彈般殲滅敵人。

第一層免疫力是屏障，包括我們的皮膚、汗水、眼水、鼻黏膜、口水、呼吸系統及消化系統黏膜的分泌及小腸淋巴（培士斑 peyer patch）阻截外來物體如病毒、細菌、真菌、毒素、致癌因子等抗原入侵。

第二層是先天性免疫力。當攔截失敗，危險異物進入我們的黏膜細胞，身體會作出發炎反應，由巨噬細胞及天然殺手 T 細胞直接殲滅敵人，抗原呈遞 T 細胞（如腸道的樹突細胞）同時會通知 B 細胞產生抗體，抗體

像手榴彈一樣炸毀敵人。通常抗原入侵後三至四天，身體便會產生足夠抗體（黏膜 IgM 及血與淋巴 IgA）殲滅抗原。

第三層是後天性免疫系統，當身體第一次接觸新的外來物體，T 細胞產生抗體，之後 IgM 漸漸消失，康復期會產生較長久的 IgG 抗體，部分 T 細胞會記憶入侵者，當下次外來物體再入侵，身體的 B 細胞便可以很快地產生抗體殲滅外來入侵。

我的得悟與實踐

正向思想、有安全感、知足、自愛、自尊、自信，也可增加免疫力。我們要有個信念，相信自己是一個小宇宙，有防禦、殲滅及自我復原的能力。

我們擁有三個保護系統，分別是免疫系統、神經系統（包括感覺神經系統、運動神經系統、自律神經系統）和內分泌系統。

為了生存我們祖先靠視覺、聽覺、嗅覺、觸覺、味覺來探測從遠至近的外面威脅應付來自大自然、猛獸、毒性氣態食物或敵人的威脅。人類最初沒有巫醫、中醫及西醫，主要靠自己的免疫力抵抗外來細菌、病毒、寄生蟲及致癌物質入侵及靠自己的自癒能力康復，所以我們天生擁自體免疫系統。

我們要有毅力，養成習慣，每天早上做身心運動如站樁、八段錦、打坐、煉內丹等。平時每個禮拜約三次半小時的帶氧運動；練習冥想靜觀；留意飲食，適當進補。

為了增強免疫力，我準時晚上 11 時睡覺，早上 6 時自然睡醒，先感恩上天又賜給我新生命。我誠心祈求世界和平人類幸福快樂，之後伸展四肢，眨眼增加眼淚水分泌，用舌頭在口腔內打滾增加唾液的分泌。起床後先飲一杯水，去完洗手間便到露台做柔軟體操[註1]、八段錦[註2]及站樁[註3]。站樁前及後亦都根據袁康就博士方法做熱身及按摩。之後到書房在瑜伽蓆上做瑜珈，跟着打坐冥想 10 分鐘才開始吃早餐及準備返工。每天進食維他命 D 補充劑，最近早餐也加了黃薑粉，晚上亦都有食益生菌。下午 3 時小睡 20 分鐘。

加強自己的安全感，培養好奇心及求知慾，平常多閱讀相關的資料如歷史、宗教、哲學、科學、醫學等，增進智慧，培養自己的人生觀、價值觀、世界觀，增強自己的自信心及安全感，常常保持喜悦幸福感，與及觀看我的文章，身體的免疫力一定有所提高。衷心祈望大家身心安寧、安全、Covid-19 新型冠狀病毒疫苗盡快面世，世界和平。

　　2020 年 8 月，在新型冠狀病毒疫情第三波影響下，黃金時代基金會邀請我主持基金會舉辦的「自體免疫與養生修煉」講座。講座邀請三位嘉賓，包括道教專家及執業針灸醫師袁康就博士、中醫師鍾麗丹博士及香港認知障礙症協會主席戴樂群醫生。講座錄影如下：

　　Facebook page：https://www.facebook.com/watch/?v=292091935381186

講座錄影

註 1：太極拳運動
　　　https://www.youtube.com/watch?v=-Kg9SuJv6tw&t=1548s

太極拳

註 2：八段錦招式：雙手托天理三焦、左右開弓似射鵰、調理脾胃須單舉、五勞七傷向後瞧、搖頭擺尾去心火、兩手攀足固腎腰、攢拳怒目增氣力、背後七顛百病消。
　　　https://www.youtube.com/watch?v=DSU_ub0iiEI&t=790s

八段錦

註 3：站樁：有保健強身、防治疾病的靜式氣功。一個舒服的站姿是雙腳平肩寬而立、鬆膊、雙腳掌平行向前或微開外八字、膝頭微曲、雙手胸前置、雙手指不鬆不緊地微微張開、十指相對、雙手抱球、前臂停留在水平線上等等。
　　　https://www.youtube.com/watch?v=XmyakO5-Fns

站樁

＊資料來源：youtube

身心症

由焦慮而產生壓力是常見的心理因素令身體出現病狀。同時，由於心理和身體有互相影響的循環關係，當身體出現問題時，不同的心理反應和處理態度也會令病情複雜，令治療效果產生變數。

身心症可分為兩大類：

1. 身體、生理上有不適徵狀（如胃脹、胸悶、疼痛、心悸、皮膚痕癢、尿頻、緊張性頭痛、腸易激綜合症），但透過X光照射、超聲波或醫學化驗也找不到原因，沒有器官的病理變化。先進國家目前多採取疾病管理制度，要求患者要先看家庭醫科，處理初步可能的心理及情緒問題，嚴重者才轉介「精神科」或「身心科」診治。藉此措施，病患可事先經家庭醫生篩選，限制而避免重複檢查，浪費醫療資源。

2. 器官有病理變化（如高血壓、糖尿病、性功能障礙、胃潰瘍），但徵狀主要受心理（憂鬱症或焦慮症）和外在環境影響。

當我們遇到壓力或意識到處於危險環境之下及生命受到威脅，大腦皮質會發放應對的神經信號，經海馬體、負責控制焦慮恐懼等情緒的杏仁核（amygdala）及下視丘。之後兵分兩路，啟動自律神經系統與內分泌系統，通知腎上腺髓質（medulla）釋放腎上腺素，作出攻擊或逃跑反應，令到心率加快、血壓升高、呼吸加快，把含氧氣和糖分的血液輸送到肌肉和大腦中。肝臟也會增加血醣供給為之後的行動做好準備。下丘腦（hypothalamus）會命令腦下垂體釋放一種物質使腎上腺皮質

（cortex）釋放出另一種激素皮質醇（cortisol），它能保證血醣和血壓維持在高水平，從而幫我們擺脱危險。

但長期處於這些狀況之下，大腦和肌肉得到全部能量，而花在免疫系統上或是消化系統上的能量便會減少，影響消化及我們的免疫系統。短期性的刺激反應是必需的，但長此下去，持續數週或數年的應激反應增多是有害的。隨着高血脂、高血醣、高血壓會增加心肌梗塞或腦中風的風險。皮質醇更會傷害或殺死海馬體內的神經細胞，亦都會將更多的鈣釋放在神經細胞中，令神經細胞更容易發送訊號，最後因過度活躍而死亡，促使大腦衰老得更快。

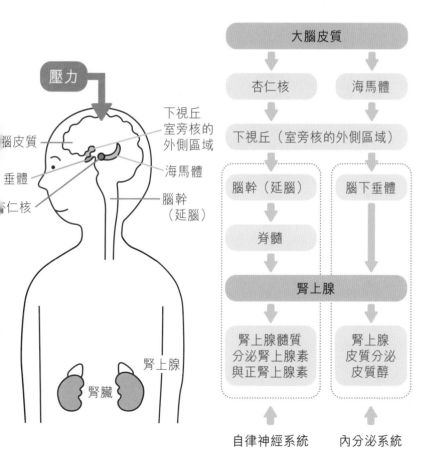

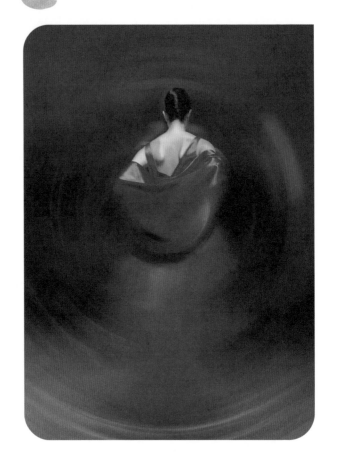

性格特點也可能增加患此病的風險，例如：完美主義、工作狂、強烈責任心、極為內斂缺乏社交、精神緊張和消極負面等。當身體出現一些毛病時，可能正是提醒你不要再長期處於高壓狀態之下或不要讓情緒過度壓抑。

預防勝於治療，預防身心症的「身心靈」方法包括規律的生活、充足睡眠、飲食健康、適當運動及減壓的活動如嗜好或社交。心靈是身體的建築師，利用感恩情緒、正向思維及不斷學習來照顧心靈上的滿足和個人靈性成長。

痛症（正念療癒力）

頸痛、背痛、膝關節痛等可能都是關節退化或是附近的肌肉緊張，所以預防以上的痛症，我們便要鍛煉附近的肌肉及懂得放鬆關節附近的組織，便會減低關節退化的機會。

人類擁有痛覺是最有效的防衛機制。當遇到突然其來的危險，身體反射系統會作出即時反應。因此我們要改變對痛的認知，痛原來是用來保護人體，避免傷害。不要把它當成敵人，要把它當為朋友。

痛和痛苦

當痛是源於身體的疾病，我們要分清楚痛和痛苦的分別。痛楚是感覺器官傳來痛的訊號，但因痛而產生擔心、哀傷、憤怒、緊張、驚慌或混亂等負面情緒便是痛苦。利用靜觀即現代心理學所稱的「心理意象」來修正疼痛的感受。先觀察身體的痛楚和繃緊的感覺，繼而不批判並接受這個痛楚，跟着放鬆並感受血氣暢通的感覺，從而減輕由痛楚而產生的負面情緒如恐懼。接納承受痛楚並與痛楚共存，但不用接受負面情緒帶來的痛苦。改變對痛楚的情緒反應，改變對痛的經驗，我們可以學會處理痛，甚至戰勝痛。

分散注意力紓緩痛楚

病人接受電腦掃描或腎造影檢查，我都需要替病人注射造影藥，通常當我將針頭插入靜脈時，我會同時向病人發問一些問題及用另外一隻手的手指壓在病人手上其他皮膚位置，作用是分散他的注意力，減少病人覺得拮針的痛楚。我認識一個醫生，他因為背脊痛，經過服藥、物理治療甚至手術後，症狀都沒有明顯改善，結果要提早退休回家休息。近年知道他重操故業，並成為一個畫家。可能因為在繪畫過程中，處於「心流」的高度專注，慢慢減少他對痛楚的注意力，結果覺得背脊沒痛了。

幸福人生——一位Ｘ光醫生的分享　68

中醫淺談

我是西醫，但很有興趣去認識中醫；因為我認為中醫學流傳了三千多年，一定有它的功效。只是它的基本理論如經絡、穴位等暫時未能完全得到科學實證。另外，以前中醫師的資格未有規範，良莠不齊，使人們尤其是西方人士對它抱有懷疑。現在中大、浸會和港大都有中醫學院，中醫需要領牌，而隨着科學進步，量子物理學及低頻微能量的應用，以及遠紅外線的檢驗和測試，對於經絡穴位漸漸得到實證，西方稱之為能量醫學。普通市民對中醫藥的信心便開始加強。我尤其是對於中醫學的食補療方法、經絡、穴位、針灸、氣功等特別有興趣。

我與中醫藥的接觸有限，有一次因為彈弓手看了骨科醫生也沒有甚麼好轉；找同一層大廈的中醫師幫手，他用通上電流針灸方法替我醫治，果然有效。另外，我以前在伊利沙伯醫院接受專科訓練時認識的舊同事何醫生，她放棄了 X 光診斷專科訓練，改在香港大學兼讀課程修習中醫，然後在上海實習並取得正式中醫牌照，現在香港中環執業，身兼中西醫專業。她和我分享了一個個案。病人患四期肺癌，因為有肺積水而呼吸困難。她用中醫的理論替他醫治，結果服食中藥後，肺積水消失，紓緩了病人的症狀。我另一個在同一大廈執業的西醫朋友，他也進修了中醫學幾年並將其理論間接地應用在病人身上，效果也很理想。我經他介紹用胖大海沖水來紓緩我的喉嚨痛。胖大海又名安南子、大海子、大洞果。因它遇水會脹大成海綿狀，幾乎充盈了整個杯子而得其名。這藥物首載於《本草綱目拾遺》，俗稱「大發」。對於感冒、用聲過度等引起的喉嚨腫痛、急性扁桃腺發炎等咽喉部疾病，飲胖大海茶有一定的療效。

我也學過少林佛門九宮掌及少林疏通經絡拍打祛病功。每朝早上會拍打自己的穴位，鍛煉氣功站樁，又會做叩齒、手指梳頭、轉動眼珠、轉動舌頭及拉耳朵等健身動作。我覺得中醫裏面的食療與氣功對於預防疾病有一定作用，所以寫了筆記和大家分享。

中醫學的治理中心為四診八綱，辨證論治。中醫以陰陽五行作為理論基礎，通過「望、聞、問、切」四診合參的方法，探求病因、病性、病位、分析病機及人體內五臟六腑、經絡關節、氣血津液的變化、判斷邪正消長。

八綱辨證中的「八綱」是從具體事物中抽象出來的概念，用八綱辨別歸納證候，是分析疾病共性的辨證方法，是八綱概念在中醫學中應用的一個方面。八綱指表、裏、寒、熱、虛、實、陰、陽八個辨證的綱領。其中，陰陽是總綱，它可以概括其他六綱，即陰證包括裏、虛、寒證，陽證包括表、實、熱證。八綱中：表裏，觀察病位；寒熱，觀察病性；陰陽，觀察病類。

八綱辨證是辨證的基礎，在診斷疾病的過程中，有執簡馭繁、提綱挈領的作用，適用於臨床各科、各種疾病的辨證，而其他辨證分類方法則是八綱辨證的具體深化。

得出病名，歸納出證型，以「辨證論治」的原則，制定「汗、吐、下、和、溫、清、補、消」等治法。中醫的治療方法是利用通經絡、平衡陰陽、補虛祛實。使用中藥、針灸、推拿、按摩、拔罐、刮痧、氣功、食療、音療等多種治療手段，使人體達到陰陽調和而康復。其獨特之處，在於「天人合一」的整體觀及「辨證論治」。上乘中醫為治未病，即西醫所謂預防，注重食補。

經絡

經是大道路、絡是分支小路

經絡是一種存在於組織間質當中的、具有低流阻性質、能夠運行組織液（淋巴液）、化學物質和物理量的多孔介質通道，或簡稱經絡為一種低流阻通道。組織液通道除了有連接毛細血管到淋巴管的功能，也有連接組織和組織的功能，許多短小的組織液通道互相溝通形成長程的大通道，即中醫裏的經脈。經脈是較長較寬的低流阻通道，絡脈和孫絡等是較短窄和更短窄的低流阻通道。

經絡大者為經脈經，脈的分支為絡脈。

由於人體各組織和器官具有縱向分佈的特點，因此其伴隨的經絡網絡結構，也形成了縱向的主幹（即十二經脈）以及橫向的分支（如十五絡脈、孫絡、浮絡）。完整意義上的經絡系統，是以十二經脈為主幹，以十二經筋、十二皮部、十五絡脈等為支幹，以及相關聯的組織和器官組成的高級調控系統，它蘊藏着人體生命活動的特殊生物秘密。這種類似光纖維的膠原組織，便是經絡的物理基礎。

穴位

是中國傳統醫學在人體分佈體表的臟腑經絡循環路線中，對氣血匯聚、轉輸與出入之所的特定處所給定的名稱，具有低流阻性質（現今可用儀器找出正確穴位）。它既是疾病的反應點，又是針灸推拿等醫學臨床的刺激點。穴有孔隙的意思，指經氣所居留之處在筋骨肌肉的空隙間。人體五臟六腑的「正經」經絡系統共計十二條，加上身體正面中央的「任脈」、背面中央的「督脈」各有一條特殊經絡系統。加計後共為十四經

絡或稱為廣義經絡，在其上所排列着的人體穴道，稱為「正穴」。因穴位電阻低，現在有儀器可正確找出各穴位位置。

穴位按摩

1. 風池：治頭痛、暈眩

2. 合谷：消炎止痛

3. 內關：止嘔吐

4. 湧泉：頭痛、高血壓

5. 足三里：健脾養胃

總結

健康身體及長壽受基因、環境、生活習慣及心理影響。基因是遺傳，而環境及心理會改變基因運作。喜悦的心境可加強免疫力及減少患癌的機會。健康的身體與喜悦的心境相輔相成。壓力會影響我們的身體健康。身體有病會增加焦慮的壓力。下一章會討論如何獲得健康心理。

第 3 章

如何獲得健康心理

健康心理需要有自制力、
懂得減壓和控制情緒。

認知情緒

健康心理（Mental health）是指有能力認知情緒（如喜、怒、哀、樂等），並能表達自己的情緒及應對因壓力而產生的焦慮、憂鬱、憤怒等負面情緒，進而有能力做清楚且有條理的思考，適應生活上大大小小的轉變及處理壓力，有效地從事工作，又有能力控制慾念、貪婪，保持自律與自制。

人的結構有三層面，由身、心、靈組成。

身是身體知覺（眼視、耳聽、口味、鼻嗅、皮膚觸），外表形象（服裝、儀容、基本禮儀、態度）及角色（人際關係、社會形象）。

靈是高層次的意識（超我）。

心是自我意識（認知），掌管我們的情緒和控制我們的慾念。知、情、意是人類心理活動的三種基本形式。「知」指的是認知、觀念；「情」指的是情緒、情感（喜怒哀樂），情有內在情緒、對外的感情（親情、愛情、友情），愛及被愛（尊重、關懷、信任）、審美感受及博愛情操。「意」指的是意志力，意在生命轉彎的地方從內心信念對將來行動作意志的抉擇。心又分潛意識（本我）及顯意識（自我）。

身

靈
高層意識

心（知、情意）
顯意識及潛意識

大腦邊緣系統

外境的訊息（色、聲、香、味、觸）經過我們的身體五個感覺器官（眼、耳、鼻、舌、身）進入大腦。除了嗅覺訊息能直接進入大腦皮質之外，其餘各種感覺訊息都經過丘腦（thalamus），再傳送到大腦皮質（grey matter）。因此，丘腦被稱為腦的中樞。執掌感情是大腦邊緣系統Limbic system（快思系統），內有杏仁核（amygdala），扣帶皮層（cingulate cortex）、丘腦（thalamus）與海馬體（hippocampus）。

大腦邊緣系統

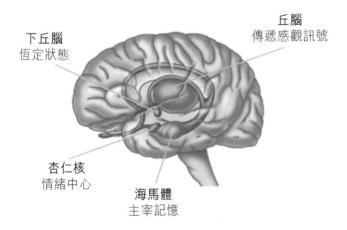

下丘腦
恆定狀態

丘腦
傳遞感觀訊號

杏仁核
情緒中心

海馬體
主宰記憶

大腦邊緣系統是直覺及情緒性，依賴直覺。系統能迅速對眼前的情況做出反應，例如逃跑或是戰鬥還擊。這些指令由自主神經系統交感神經系統執行，刺激腎上腺素上升。但它很容易上當，以為親眼所見就是事情的全貌，任由損失規避和樂觀偏見之類的錯覺引導我們做出錯誤的選擇。

杏仁核負責控制焦慮恐懼等情緒，主導身體作出攻擊或逃跑反應（fight or flight / fight or flee）。海馬體幫助將短期記憶轉換為長期記憶。

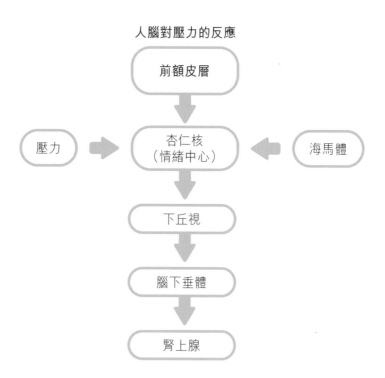

自律神經系統（autonomic nervous system）

神經系統有感覺神經系統、運動神經系統及自律神經系統。**自律神經系統控制體內各器官系統的平滑肌、心肌、腺體等組織的功能，如心臟搏動、呼吸、血壓、消化和新陳代謝。**

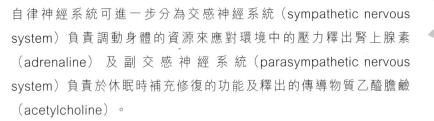

自律神經系統可進一步分為交感神經系統（sympathetic nervous system）負責調動身體的資源來應對環境中的壓力釋出腎上腺素（adrenaline）及副交感神經系統（parasympathetic nervous system）負責於休眠時補充修復的功能及釋出的傳導物質乙醯膽鹼（acetylcholine）。

自律神經的控制中心位於下視丘以及腦幹，透過脊髓下達至各器官。它也接受大腦皮質以及邊緣系統的調節。

前額皮層

前額皮層（prefrontal cortex）通過對這些區域支配我們的情緒。前額葉皮層在人類特別發達，**我們的專注力、情緒控制、判斷力、同理心及自我意識等都是由前額葉皮層負責。**

人類經過進化，大腦皮質可以進行認知包括理解、邏輯思考、歸納法、理性分析、抽象思考計算、語言運作、學習及演繹。又利用記憶中儲藏的知識經驗，再用行動及語言表達出來形成行為。大腦皮質執掌語言、藝術等創作活動相關的高等心理活動；慢想系統（大腦皮質）動作比較慢，擅長邏輯分析，快思系統無力解決的問題，都丟給慢想系統處理，它雖然不易出錯卻很懶惰，經常走捷徑，直接採納快思系統的判斷結果。

顯意識與潛意識

認知及意志是屬於顯意識，它只佔大腦運作8%。潛意識佔大腦運作92%，大腦無法察覺潛意識活動，它是七情六慾的來源，並不能區別實際（真實經驗）和想像（逼真想像）。潛意識裏面的慾念和暴力衝動是可由高層意識（靈性）控制。

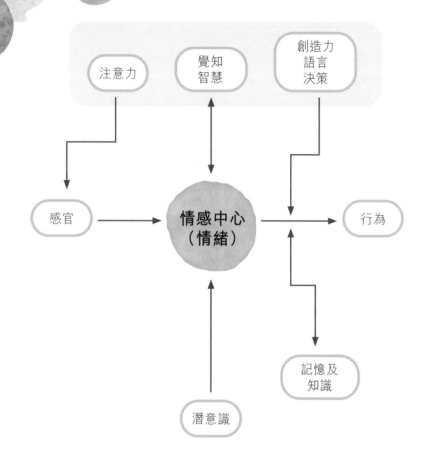

從學習冥想加強了靜觀的能力，可以覺察身體的感受。另外又可以覺察自己的情緒，防止快思系統作出衝動的行為，改由慢思大腦前額皮層系統主導，才能作出一個理智的反應行為。

安全感

在我的生活圈子裏，常聽聞一些家長因為學習的問題與子女產生磨擦，一些結婚多年的配偶因為一方想追求個人空間而導致離婚危機，令我產生興趣想研究這些問題的原因及如何解決。經過思考覺察問題，與當事人傾談及從圖書館和互聯網獲得的知識，我發覺這些行為都是與缺乏自我（ego）安全感有關。所以能夠認識安全感，知道如何獲得安全感，那麼幸福人生便唾手可得。

假定安全感指數滿分是 100 分。感覺滿分即是大圓滿，幸福感十足。**安全感指數由健康身體、健康心理、良好人際關愛與被愛、生活於政治穩定與和諧安全的環境及財富（知識及事業）等五大重要元素累積而成。**

🍃 安全感五大元素

A **身體健康狀況**：包括身形（高矮肥瘦）、相貌（美與醜）、身體缺憾、身體健康（慢性疾病、癌）及意外傷殘。

B **心理健康狀況**：控制負面情緒及貪念的能力。

C **人際關係的愛與被愛**：與父母、配偶、子女、親戚、朋友、同事等關係融洽，在愛與被愛的社交人際關係裏，最重要是父母、配偶及子女關係。其次是與親戚、同學、同事、朋友、老師及老闆等的關係。能夠和社會各階層合作及和諧相處，可增強社會關係的安全感。

D　生活環境安全和諧：有一個安全的生活環境（治安、環境乾淨潔淨、空氣質量好），以及處身於一個有良好管治團隊的國家及得到國家的法律保障個人安全與自由不被剝削及獲得社會福利（養老保險、醫療保險、失業保險、工傷保險等）。

E　財富、知識及事業：有穩定收入、足夠財富、學歷、知識、特殊技能、職業、社會地位和權力（財富／權力／知識的安全感）。

覺得缺乏安全感是害怕失去健康、生命、愛、社會地位、財富或權力，因而產生壓力。人覺得安全感足夠，才能安心、踏實地過生活。人天生有輕微自卑感，覺得安全感不足夠或害怕失去安全感；所以要每天都有精進及超越，令安全感增加，向身心和諧圓滿邁進一步。**從思考哲學宗教令靈性成長，獲得智慧與慈悲，從而產生正確的人生觀、價值觀及高尚品格，增加自信及能知足常樂，便能感覺自己安全、幸福、滿圓。**

人生中，童年成長階段，BCE 比較重要。到發展家庭及事業的階段，BCDE 比較重要。到了退休階段，ABC 才重要。有了這五個安全感，才能安心、踏實地的生活，並每天都有精進及超越。

🍃 大圓滿

在寧瑪派僧人的心法中，大圓滿是西藏密宗的最高心法。大圓滿法歷史悠久，於唐代傳入西藏，歷經滅佛劫難，其心髓又由掘藏師從岩洞中掘出。18 世紀，在龍欽巴尊者的加持下，晉美林巴尊者打開了《龍欽寧提》的意伏藏，從此《龍欽寧提》成為最受歡迎的寧提（心髓）法本，在藏

地得到廣泛傳播。

大圓滿法囊括了佛陀所說的所有教言，而寧提更是大圓滿的精髓，是最便捷、最徹底的成佛之法。寧提分徹卻和妥噶兩大主修法門，徹卻在頓悟中成佛，使心獲得解脫；妥噶則使身化虹光，成就不死虹身。

大圓滿又稱藏傳佛教的禪宗，是成佛最為便捷、最為徹底的法門。說它便捷，因為它不必經過不同次第的修習，而是直指自心，當下頓悟；說它徹底，因為它不但能引導修行者證得心靈的頓悟，還能使肉身化為虹光，獲得身心雙解脫。大圓滿法高深玄妙，沒有一定基礎是難以理解的。以我得悟，當下如果你覺得自己的五種安全感已經足夠，不用和他人比

大圓滿 **100** 分

- A 身體健康
- B 心理健康
- C 人際關係
- D 環境安全
- E 財富

個人

- A 身體健康
- B 心理健康
- C 人際關係
- D 環境安全
- E 財富

他人

- A 身體健康
- B 心理健康
- C 人際關係
- D 環境安全
- E 財富

較，知足常樂，自然覺得充滿自信心可虛心地接受他人批評而不會有負面情緒，對苦難可以用平常心應對，專注於解決問題，身體和心境和諧滿足，這便是覺悟得到大圓滿。

如何增加安全感

首先自我認識及評估自己已經有的安全感，居安思危，預先思考危機發生時如何應變，做好危機管理。思考如何預防危機發生，建立自己的信念、人生觀及價值觀。萬一危機發生，要勇敢面對困境，不要逃避及用苦集滅道來應對。要有意志去執行。最終憑智慧與慈悲便能每天精進超越，最終達到安全感一百分的大圓滿的境界。

安全感解釋負面情緒及貪婪

1. 憂慮、緊張（anxiety）是已經擁有一個某程度的安全感，但卻常常害怕失去這些安全感。

2. 沮喪、悲哀、憂鬱（depression）、悲傷是因大自然或沒法解釋的原因而真正失去部分安全感。

3. 內疚、慚愧與羞恥是因自己過錯而失去這些安全感。

4. 憤怒是因他人的過錯而令自己失去安全感。

5. 妒忌與憎恨是與他人比較安全感，覺得他人的安全感比自己高而產生妒忌及憎恨的負面情緒。

6. 自大、傲慢、自私及孤寒／吝嗇是與他人比較安全感而自視過高。就算自己的安全感比他人高，但也不會和他人分享，是自私及孤寒的行為。

7. 自卑是過分低估自己的安全感，覺得自己不夠安全感，有時會用情緒勒索、溺愛、冷漠等操縱方法鞏固自己的安全感。

8. **貪婪**是想要更多安全感。正常人都會覺得自己的安全感未足夠（輕微自卑感），而驅動我們更努力增加自己的安全感。但有些人想要好快地獲得更多安全感而做出損人利己的行為。

🍃 自尊心 / 自信心

自尊心就是對自身（ego）給予正面的評價，肯定自己的價值並且尊重認同那樣的自己。能從個性、容貌、信念、學歷、職業、薪水、社會地位及特殊技能等來自我評價，尊重、欣賞和喜歡自己。有自尊心便會積

極而充滿動力地去累積經驗，努力精進超越，希望被其他人認同。

自尊心較低的人，容易被說服而且常會感到自卑。通常很難接受別人的批評，而且大多會看輕自己的所作所為，也不容易接受周遭的人給予稱讚，如要求被他人拒絕，就會覺得自尊心受損。

先有自尊才有自信。自信是對自己能力有良好信心。有自信就是相信自己的能力、知識、智慧和信念。當挑戰某項新事物時，自信能成為克服自我懷疑、猶豫等的原動力。自信是從健全的自尊心當中產生的。

提高自信心

回顧自己一生，處理童年的心理創傷，原諒自己，原諒他人。

自我評估，自我鼓勵。**想建立健全的自尊心應別過度批判自己**，因習慣了這種對待方式，在不知不覺中，眼睛只會注意那些不會做的事和不足的地方，讓自己越來越沒有信心。對小孩子過度批判會傷害小孩的自尊心，讓他們對自己失去自信心，所以用讚美的方法來教育小孩是很重要；現今叫做優點教養法。**有自信便能謙卑。**

自卑感

每個人都有自卑感，覺得離圓滿還有一段距離，這是正常並且是追求圓滿幸福人生的推動力，克服自卑感是我們成長的原動力。但常比較及過分低估自己的安全感，便有壞處。好多時推測童年記憶，就能找到自卑感的來源和性格形成的真相。

自卑感來源

1. 身體（健康及生命）的安全感：生理器官缺陷

2. 情感（愛）的安全感：溺愛（pampering）或被忽視

3. 社會關係的安全感：缺乏合作精神

對孩子過度縱容或過度保護，會妨礙孩子自立能力、勇氣、責任心和與他人合作能力的發展。被溺愛的小孩比較容易變得貪心及膽怯，需要有人保護，無法獨立生活。這種小孩由於不敢自己面對問題，因此學會欺騙別人，並且有反應過度的傾向。不能接受失敗、批評及拒絕，覺得自尊心受損。被忽視的兒童無從得知愛與合作為何物，他們所構建出的生命意義中，完全沒有這類積極的因素。當遇到生命中的難題時，他們總會高估困難的程度同時低估自己獲得他人幫助與善意的能力。在他們的眼中，世界是冷漠的，毫無友善可言。他們無法意識到只要做出有益於他人的努力，就可以為自身贏得喜愛與尊重。因此他們只能這樣抱着對他人的懷疑生活。

自卑感與情緒勒索

情緒勒索是知名心理學家蘇珊・佛沃（Susan Forward）在《情緒勒索》一書中提出的概念。情緒勒索常見於許多權力不對等的人際關係中包括職場、親子、夫妻、朋友等。

情緒勒索者可能在有意識或無意識中使用要求、威脅、施壓、沉默等直接或間接的勒索手段，讓被勒索者產生各種負面情緒，例如：挫敗感、罪惡感、恐懼感等。為了減少這些不舒服的感受，被勒索者可能因而順從對方的要求。長久下來，形成了一個惡性循環。被勒索者讓勒索者以

此手段控制、左右了自己的所有決定與行為，失去了為自己做主的自由與能力。

情緒勒索者與受制者的心中都是因為害怕，因為不安，這些不安全感讓感情勒索者必須透過滿足需求的方式，獲得安心感；更甚者，許多情緒勒索者也可能曾是受制者，他們可能從不知道關係中其實有妥協、有諒解、有尊重；對方的不服從，只是因為他是獨立的個體，也有自己的需求與想法，而並非是因為對方不夠重視他們、不夠愛他們。

父母對孩子情緒勒索，目的不外乎是控制。要孩子聽他們的話，變成他們想要的樣子。情緒勒索與控制的背後，其實就是恐懼。他們只不過是想藉此尋求安全感及掌控權。不論外表看起來多麼有自信，他們的內心其實還是非常焦慮的。在夫妻關係上，被勒索者一直戰戰兢兢，不能和對方共享喜怒哀樂。

我的感悟

▌父母與子女關係與安全感 ▌

　　父母是知識分子及專業人事，而子女都進入本地或外國名校，但子女要參加畢業試時卻要放棄並拒絕應考。其實以他們的才智，只要專心溫習及進入試場，合格畢業應該完全無問題。家長遇上這個問題，通常以為子女患上急性抑鬱症或抑鬱狂躁症，要求精神科醫生的幫助。我覺得其中原因可能是子女們缺乏自信心及安全感，害怕考試失敗，寧願逃避這個問題不去應考。他們有這個想法，有可能源於父母對他們的溺愛及間中的冷漠懲罰，令他們自視過高或對自己要求過高但又自卑，真正遇上考驗時，便接受不了失敗，害怕達不到父母的期望，寧願逃避。

　　有些家長希望子女將來成為醫生或律師等專業人士，表面上是為他們着想，希望他們有一個穩定的收入，日後生活無憂，但潛意識裏其實是自己缺乏財富的安全感；所以希望自己退休後，子女可以經濟支持他們。當他們的子女想跟隨自己的興趣而選擇一些冷門及表面上不是那麼賺錢的行業，父母便利用經濟壓力，強迫他們選擇不喜歡的學科及專業。我也遇上幾個朋友當他們的子女正式畢業成為律師或醫生之後，有獨立的經濟能力時便放棄這些專業，追求自己的理想事業，令到父母十分愕然和不理解。我十分理解和同情這些父母，因為他們自己也是心智未成熟而缺乏安全感的受害者。

情感勒索與安全感

記得有一次我和同學去大埔郊野公園，甫到達公園入口，其中一位同學立刻解鬆狗帶，讓他的臘腸狗快樂地四圍奔跑探索；當我正要有樣學樣時，家人立即阻止，因為害怕我們的貴婦狗 Candy 會走失和亂吃東西導致身體不適。所以現在我明白因為愛錫 Candy，害怕失去了牠，覺得有狗繩控制牠才安全。解開狗繩，雖然 Candy 會開心但主人覺得無安全感。這個反應令我聯想到有家長禁止子女參加學校安排的課外活動如露營，子女因而心裏十分憤怒，因為其他同學都有得去而他們卻不准參加。現在我明白因為家長害怕子女在陌生的環境下會遇到危險，所以明知小朋友十分期待去參加這些活動，但也禁止他們參與是因為害怕失去子女。

以上的情況其實都是當事人**缺乏了安全感，害怕失去自己喜愛的東西，才會用情感勒索來控制對方，令對方臣服及依循自己的意願。**

縱容、忽視與安全感

對孩子過度縱容或過度保護，會妨礙孩子自立能力、勇氣、責任心和與他人合作能力的發展。被溺愛的小孩比較容易變得貪心及膽怯，需要有人保護，無法獨立生活。這種小孩由於不敢自己面對問題，因此學會欺騙別人。又因覺得自尊心受損而不能接受失敗、批評及被拒絕，並且對以上情況有過度反應的傾向如憤怒等。

被忽視的兒童無從得知愛與合作為何物，他們所構建出的生命意義中，完全沒有這類積極的因素。當遇到生命中的難題時，他們總會高估困難的程度同時低估自己獲得他人幫助與善意的能力。在他們的眼中，世界是冷漠的，毫無友善可言。他們無法意識只要做出有益於他人的努力，就可以為自身贏得喜愛與尊重；因此他們只能這樣抱着對他人的懷疑生活。

所以我的得悟是當子女在成長求學期，父母要提供經濟支持及最好的學習環境，並保護他們的身體安全及心理健康。用中庸之道，父母不要害怕失去子女而過分溺愛他們，不應當子女不聽話的時候用冷漠來懲罰他們，以便控制。要無時無刻表達出對他們的尊重、關懷與信任，要嘗試逐步解除對他們的束縛，令他們有冒險的精神，慢慢建立起自己的自信心去應付未來的困境危機。當他們畢業及有經濟能力時，家長和子女的關係便變成好朋友的關係，常常溝通，了解對方的立場及想法。如有需要可適度地經濟上繼續支援他們，令他們有安全感。

夫妻關係的安全感

　　以下是太太缺乏對丈夫的信任，害怕失去了丈夫而表現出來的行為：

- 丈夫在外國或國內公幹，太太因為缺乏安全感而常常要打電話追蹤丈夫的行蹤，看他有沒有行差踏錯。

- 丈夫愛好攝影，當太太發覺丈夫擁有裸女人像藝術照片時即大發雷霆。這是因為因害怕丈夫不再愛她。

- 夫妻結婚幾十年，丈夫是標準丈夫，但當丈夫 60 歲後開始追求多些個人時間發展自己的興趣，多一些私人空間和自己朋友聚會。太太便以為丈夫不再愛她及害怕會失去丈夫，便用情感勒索及用提出離婚來控制她的丈夫。

　　要解決這些問題，丈夫要給太太安全感，如大家聯名擁有物業，無時無刻要表達對她的愛及發誓不會離婚，遵守結婚的承諾，一生一世照顧對方。這樣才可以根本地解決因為缺乏安全感而令到婚姻關係緊張。另一方面太太可以先思考如果丈夫想和自己離婚，自己

如何在經濟上及心理上應付這個困境；當發覺離婚後亦都可以繼續生存，便不會害怕離婚。但離婚始終不理想，所以進一步思考如何可以白頭到老，互相尊重對方的私人空間。

▍社會關係的安全感 ▍

家長過度誇張地讚美子女，讓子女從小到大都相信自己與眾不同，就算做了錯事，一樣有所獎勵；其次是告訴子女只要肯夢想，終會成功。此種教育對一些極聰慧的孩子不能説沒用，有時他們的想像力及創意會因此被激發出來；但對絕大多數的孩子，這只是一種騙局。到青少年期間，他們接觸實際世界多了，會迅速發現自己並不那麼特別，很多時比不上別人，自己想要的十之八九不會得到。他們心裏會有很大的壓力甚至容易抑鬱，在挫折中變為反社會，生活上成為宅男宅女，不事生產。

不少人沉迷於網絡世界，得到別人的「like」便大喜過望，被「unlike」則如天塌下來。他們一見到「like」，身體內便有多巴胺（dopamine）分泌出來，感到快樂。多巴胺屬獎勵機制，效果和吸了毒一樣，會上癮更離不開網上群組的肯定。雖然這種朋友關係膚淺短暫，但其圍爐取暖的效果，可使他們更排拒外間的意見，越變越激。沒有經過苦難的千禧世代年青人比較懶惰，做事專注力不足，沒有耐性，自我中心，自戀，自以為是。認為自己天生擁有一大堆權益及社會欠了他們，但卻沒有回答自己對社會有甚麼貢獻。

部分香港市民特別是青少年人，缺乏對政治、法律與社會制度的認識，容易被他人利用，以為自己安全感受到損害而變得十分憤怒及激進。應對這個問題，我們便要認識政治與法律，以及用同理心明白大家在一個國界的範圍內生活，要有專業人士負責管理這塊地方，使到當地市民有一個和諧安全及公平的環境下生活。大家因

利益關係而有不同的觀點與角度，但亦都要互相包容理解合作，才能共同擁有一個和諧寧靜安全的生活環境。

▌總結▌

　　安全感與幸福感指數是成正比，兩個都是我們的靈性高層意識。當我們意識到自己所擁有的七大幸福人生元素達到自己的要求，察覺自己安全感其實足夠（知足），比想像中多，有了安全感覺，得到心安，心無罣礙，當下便有了靈性上的喜悅，幸福感便會隨之而來。之後再用智慧及毅行力去精進及超越，增加安全感，獲得幸福的人生。另外明白了身邊的人行為上的偏差及精神上的困擾，好多時都是源於自卑，以為自己安全感不足夠而導致。當我們諒解了他們情況，有了同理心便不會怪責他們，慈悲心隨之而來。自己夠自信及能自愛，便可開始寬容及幫助他人。

Candy

應對負面情緒

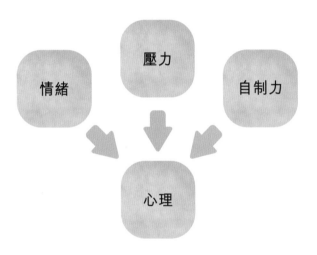

壓力

情緒

自制力

心理

🌿 焦慮

焦慮是對未來事件（考驗、危機、工作壓力、新挑戰、災難）的擔心，這些感覺可能會導致身體症狀，如心跳過速和顫抖。為了解決焦慮的負面情緒，我們便需要一個清晰的腦筋，不逃避、積極面對，用苦集滅道理應對一切逆境，**正面思考如何解決逆境及苦難，專注於如何解決問題，盡量避免在負面情緒中消耗你自己的能量，因為它對解決問題是沒有用的。**像中了毒箭，一定是盡快將有毒的箭拔出，而不會當下追究誰人射出毒箭或者毒箭從哪個方向射來等。

恐懼

恐懼是指人面對現實的或想像中的危險、自己厭惡的事物等產生處於驚慌與緊急的狀態,伴隨恐懼而來的是心率改變、血壓升高、盜汗、顫抖等生理上的應急反應,有時甚至會心臟驟停、休克等,更甚的一個突然、強烈的恐懼可能導致猝死。

消除恐懼的方法:準確寫出所擔心的事情究竟是甚麼,把問題陳述得條理清楚,跟着列舉可能的做法,之後選擇並作出最後決定,然後果斷地按照決定去做。能夠理性、客觀及竭盡全力去查明事情發生的真相,那麼恐懼將會在理性之光的普照下消失無蹤。

憂鬱

憂鬱的成因是失去安全感。悲哀是失去自己重視的東西而悲慟。失敗、失望、失戀、失業、破產都會造成憂鬱。對付失去的安全感而產生的痛苦是不再緬懷所失,反而要評估自己所餘下的安全感,並要珍惜還擁有的一切。

Reinhold Niebuhr 有名的禱告詞是:「上主,**請賜予我寧靜的心境去接受那些不能改變的事情,賜予我勇氣去改變我能夠改變的,並賜給我智慧去分辨兩者的不同。」**
(*God, grant me the serenity to accept the things I cannot change, the courage to change the things I can change, and the wisdom to know the difference.*)

老子也說過:「**禍兮,福之所倚,福兮,禍之所伏(福禍相生)。**」正

是塞翁失馬，焉知非福。正面看得失，有失必有得，要學習讓失裏面的得慢慢越來越多，最終變成得多過失。

當面對死亡及親人離世，可轉移心思去其他方面如園藝能紓緩創傷心靈。經歷過至親死亡的人會更珍惜眼前人，才會更珍惜眼前所有事物，好好把握跟親人一起生活的日子。因為失去過，痛過，才會學懂珍惜。珍惜現有相處光陰及眼前一切，當失去了也不會痛苦遺憾，死是必然，生命無常。生命的長短雖然不是我們可以決定，但生命的內容卻是自己決定。

茶葉因沸水，才能釋放出深蘊的清香，生命也因多次遭遇挫折才能留下人生的幽香。

怨憤與仇恨

怨憤是因他人的過錯而令自己失去這五個重要的安全感（見 P.81「安全感五大元素」）、覺得被侵犯或不被尊重時會產生的負面情緒。憤怒是即時的情緒反應，而怨恨是持久心結怨，懷恨在心。仇恨是遭到欺負侮辱之後的一種報復行動，以向其他人展示你保衛自己利益的決心，使對方在欺負你之前也得想一想，他是要付出代價的。這可以確保族群關係可以得到微妙的平衡。為公義而憤怒是正面的。

即時應對憤怒的方法是深呼吸，平時要加強自己的自信心及自我形象（ego）。怨憤不能解決問題，只會帶來更多問題及破壞關係。因仇恨刺激腦中杏仁核令腎上腺素和去甲腎上腺素（noradrenaline）水平增加，使心率及血壓上升，影響健康。不應該將他人的錯誤懲罰自己，要明白不是個個都做到君子聖人的標準，自己也會犯錯而傷害了自己或他人，也會有懦弱的時候。我們也會一時受不了慾念的誘惑而做了缺德的

行為。一些人亦都會受妄想影響，性格缺陷及精神問題而犯錯。家家亦有本難念的經，冤冤相報何時了。用同理心體諒甚至寬恕對方，放下仇恨，寬恕他人，便可使自己心安寧靜，從而可專注及察覺自身及外界，進而能欣賞及享受當下人生的每一個美好體驗，遠離痛苦。

在地球的人類，祖先都是六百萬年前一隻母猿產下了兩女兒之一進化而成，科學家叫她做露茜，另一女兒進化而成黑猩猩。所以大家都是一家人，你的舌頭給自己的牙齒咬痛了，你不會切下你的舌頭吧！你的家人踏你一腳，你也不會報復吧！現今戰爭主要是用武力解決國家間、種族及宗教衝突，其背後主因其實是權力及利益的爭奪。國家間的戰爭一定會加深雙方人民的互相仇恨。在戰爭下，所有殺人、強姦、盜竊都變得合法化，而受害是平民百姓及軍人，他們都活在地獄中。只有戰爭的始動者，部分軍方高層（在後方指揮）及軍火商受惠。所以我也十分痛恨戰爭啟動者。如果有外星人入侵地球，大家便會立刻成為盟友，一同對抗外敵。所以我祈求世界永遠和平及希望大家在有生之年不用參與任何戰爭。

内疚、慚愧與羞恥

人們因為自己的過錯而導致自己或他人失敗或損失了部分安全感（身體健康、自我形象、聲譽、社會地位及財富）便會產生沮喪、悲哀、憂鬱、悲傷、內疚、慚愧及羞恥等負面情緒。因損害自己在他人（尤其是關心我們的人）的形象而產生痛苦與不安。其實人類再聰明也不可能把所有事情都做到完美無缺，容易犯錯是人類與生俱來的弱點。想取得成功，我們要正視錯誤，從錯誤中汲取經驗教訓，讓錯誤失敗成為我們成功的踏腳石。**錯誤，引導人們考慮更多細節上的事情，只有多犯錯，人們才會多進步，錯誤是創造性思考必要的副產品。**

人類社會的發明史上，許多是利用錯誤假設和失敗觀念產生創意。愛迪生也是知道了上萬種不能做燈絲的材料後，才找到了鎢絲。所以想成功，先放下僥倖心理，加強保險力量，遇到失敗便從中汲取經驗，嘗試尋找新的思路、新的方法。日本大企業家松下幸之助説：「**跌倒了就要站起來，而且更要往前走。跌倒了站起來只是半個人，站起來後再往前走才是完整的人。**」一個人要有成就便不得不忍受失敗的絕望，在失敗中鍛煉自己，豐富自己，使自己更強大更穩健，這樣才可以水到渠成地走向成功。

失敗只是表明尚未成功，還有缺點及要繼續努力。不要被一時失敗左右，在哪裏跌倒就從哪裏爬起來。作出應對方法是不逃避責任，有錯要認，正視錯誤，道歉，彌補錯誤，原諒寬恕自己。從錯誤中學習。《論語》：「過而不改，是謂過矣」。不推卸責任，自我反省，重新開始。自省是能聽取他人意見，勇於承認錯誤，主動接受批評及接受良師指點。法國十九世紀作家巴爾扎克説：「**苦難對於天才是一塊墊腳石，對於能幹的人是一筆財富，對於弱者是一個萬丈深淵。**」

To err is human。人誰無過。
將錯誤失敗視為寶貴經驗，將逆境視為挑戰，將問題變成機會，極力找出艱難問題的解決之道，保持信心，並且在受挫後盡快恢復並繼續努力下去（復原力）。應對失敗，學會認錯。當犯錯時應該自我反省並立刻道歉，不要推卸責任。真正能解決問題的方法不是逃避而是擁抱失敗和錯誤，讓我們一起從錯誤中學習與成長。

羨慕與嫉妒

羨慕與嫉妒是求不得及喜歡與他人比較。應對方法是不比較，學習欣賞，分享別人的快樂。提醒自己沒有人可以擁有一切。

我的分享

在我的人生中也有幾次失敗跌倒的經驗。面對失敗挫折，幸好我都能利用佛法的苦集滅道，先控制負面情緒，盡快找出失敗原因並努力解決問題，從失敗中獲取更多經驗，鞏固自己的專業知識，減少之後再犯錯的機會。所以我十分贊成醫管局的事故公佈制度，一人犯錯多人得益。我也成立了 X 光診斷研習 Whatsapp 群組，方便同行醫生互相交流過失經驗，減少以後的錯誤。

壓力

人們因為害怕失去安全感而引致焦慮的心理壓力。

壓力的症狀,情緒方面會容易發怒、憂心忡忡、情緒低落、焦慮、緊張等;思想不能集中,缺乏自信心及充滿負面想法;行為上每事拖延,坐立不安,逃避責任。身體方面短期影響是心跳加速、呼吸加快、血壓上升、口乾反胃及痛症。長期影響是肌肉繃緊、痛症、失眠、高血壓及免疫力降低。

正面來說,適當的壓力可以推動人們積極面對生活和處理困難,令工作更有效率,相反缺乏壓力會使生活缺乏挑戰,反而會令人意志消磨,停滯不前。

減壓四大原則

減壓,可以從:

(一) 改變心態

(二) 練習冥想讓大腦及
　　　身體放鬆

(三) 平衡工作與休息及運動

(四) 不逃避積極行動面對恐懼及新挑戰

嗜好

心態　　壓力　　面對
　　　　　　　　及解決

休息

（一）改變心態

加強認知能力，正向思想，活在當下，改變負面想法。

心態（mindset）是你的思想、信念和期望，是你用來觀看這個世界的
鏡頭，它是潛藏心內用來解釋和認知周遭事物的基本假設。你是通過它
來感知世界，你用的鏡頭不同，你觀察到的事物角度、體驗和視野都會
有所不同。對事物的觀念和想法當然有所分別，結果也當然不同。心態
影響想法，想法決定做法（行為），不同的做法帶來不同的結果。心態
決定你是一個怎麼樣的人，即是你的性格也會改變你的命運。

成長的心態是相信自己的聰明、能力、天賦都只是起點，是會有改變及
進步的空間。他們相信成功不一定是由上天注定的。能力和智慧是可以
經後天培養，失敗與挫折只是人生路上的經歷而已，失敗並不代表自己
愚蠢，就算是天才也得經歷一番努力才可成功，才能是可以經由鍛煉改
變，挫折只是挑戰，只有盡一切努力才可望成功。

1. 正向思維（正向心理學）

正向思想和正向心理學是由美國心理學家 Marin E. Seligman 於 1998 年出任美國心理學會主席時正式倡議和定位的。

正向思維是當遇到重大挫折、危機或棘手挑戰時，也能視之為自然正常的事，會告訴自己困難總會過去的，不要被不安、緊張、焦慮、恐懼這些負面情緒所淹沒。不會慌亂無措，怨天尤人，同時亦不會因為成功而過度樂觀，忘記背後潛藏的危險。

負面情緒如恐懼、憤怒、悲傷、厭惡等會引發自主神經系統的反應，例如：心跳加速或嘔吐。其壞處是因為負面情緒會讓人立即專注於某種行為反應，他會縮小認知過濾器的審查範圍，因此心情不好會阻礙彈性思維。另一方面，那些自主反應反映了負面情緒的進化目的。**每種情緒都會讓人有衝動想要採取某種行動。所以負面情緒也有它的作用，它意味着情況不對勁及潛藏着某種危險，需要採取行動。**憤怒會刺激我們展開攻擊，恐懼導致我們逃離，噁心讓我們吐出已經吃下的東西。負面情緒如焦慮、憤怒、不安甚至憂鬱等也是人類生存不可缺少的元素及也有它的作用。所以不要打壓自己的負面情緒或想法，正向與負面情緒的黃金比例是三比一。

2. 樂觀感

樂觀是一種心態、一種智慧。樂觀者對前景有盼望，在好壞參半的情況下，樂觀者選擇看好的一面，在每次危難中看到機會，並以樂觀態度接受失敗或不愉快的事實。而悲觀者在每個機會中都只看到危難。

樂觀者抱有希望，其活下去的原因是覺得生命有意義，對生命有所期望，對未來充滿期望。接受人生是苦及不如意事十常八九，得失相抵是

一個常數，能隨遇而安，抗逆能力較好，有好的復原能力（resilience）。認為人生真的不必太計較得失，人生在於體驗，只要去體驗就好。To err is human，人誰無過。將錯誤失敗視為寶貴經驗，將逆境視為挑戰，將問題變成機會，極力找出艱難問題解決之道，保持信心，並且在受挫後盡快恢復並繼續努力下去。預期正面結果，追求特定的目標與夢想。在任何經驗中尋找趣味一面。樂觀者把事情看局部、暫時和可改變的。悲觀者會把負面事件歸因到永久性和普遍性的因素上。樂觀性格可以是天生但也可以學習。

樂觀的人遇上同樣的不幸事件時會認定現在的不幸只是短暫的，每個失敗都是有其因果關係，不一定全是自己的錯。**樂觀的人的回彈力較強，不容易被失敗所打倒。**惡劣的情況往往是對自己挑戰。當暴雨過後一定會有天晴。

悲觀的人相信壞事都是他自己的錯，壞事總是持久不斷地接二連三發生在自己身上，壞事會把一切都摧毀掉。他們覺得不幸的事難以控制，是永遠的、普遍的，而且都是因為自己無能所引起的。悲觀的人很容易放棄，很常把自己困於憂鬱的監獄中。他們很難獲得快樂幸福，因為腦袋只是一心想着負面事物。但是為甚麼我們的腦袋會專注在負面事物呢？原來我們的祖先是生活在一個十分苛刻的環境，焦慮恐懼憤怒等負面情緒是為生存而戰，慾念是維持傳宗接代，使人類不會絕種。所以這些負面情緒、性及慾念植根在我們的腦袋中，經 DNA 遺傳下來。所以我們要有很高的智慧從悲觀與樂觀中取得平衡（中庸、適中）才是理想。

3. 活在當下

活在當下（Carpe Diem = Seize the day），過去已經過去，未來仍未到臨，真正的生命就在當下。盡量保持寧靜安詳和諧心境，加強五官覺

知去欣賞周邊所有美好的人和物，你不會浪費光陰於負面情緒及無意義的事件上。生存日期有限，如果你現在是 60 歲，樂觀估計才得一萬（90歲死）至一萬四千日生命。我一定不會浪費時間於吵架或進行不喜歡的事情，會寬恕、將仇恨放下、感恩、知足、自愛、自覺及保持心境平和安寧。生命長短多數不可預知，但我們可控制生命的寬度，享受當中每一刻過程。時間是我們寶貴的財富，珍惜每一刻及人與人相會時刻。

4. 放下，不執着

執着是因為心裏面有愛、有慾念，所以對同樣的東西產生了不同的念頭。佛教認為人生有八苦，如果說生老病死的苦是因為看不透的話，那麼愛別離、怨嗔恚、求不得、五陰熾盛，就是因為放不下愛、放不下恨，放不下得失。佛家云「勘破、放下、自在」。有洞察力破除執着，知道現象世界是由無數不斷變化的因和緣聚集而生，沒有一樣事情是獨立自存的，沒有一樣事情能免於因果的力量。

正所謂風來疏竹，風過而竹不留聲，雁渡寒潭，雁去而潭不留影。不執着，明白萬事萬物都不停改變（空），包括自我（無我），少有永恆，所有變化是依循一簡單規律變化。放下才能得到解脫，放下心裏的執着。所以**佛門的戒律不是用來戒行為，而是用來戒心的**。如果一個人心裏四大皆空，五蘊皆無，那還戒甚麼。因為有才要戒，若沒有還用戒嗎？有智慧改變心態，才懂得放下。**捨得，有捨才有得。放下即時忘掉了便沒有煩惱**。能夠放下，看庭前花開花落，得失無意，隨天際雲卷雲舒，便可以心無罣礙，日日是好日。

5. 平常心

明白世上有些東西是無法自己支配，比如運氣；所以不去管他們，順其

自然。世上有些東西是自己可以支配，比喻做人，就在這些方面好好地努力，至於努力的結果取決於許多因素，不是光靠努力就能成功，因此如果盡了力而結果得不到最好，也順其自然，坦然接受。改變能改變的，接受不能改變的。**得不驚喜，失不恐懼，平和心態，從容不迫，不心浮氣燥，不作評價**，包容並放下好壞的價值判斷。**學會放下，接受現實。**平常心是道。

6. 寬恕

寬恕是原諒別人和自己的過失。寬恕別人是放下氣憤、怨恨等負面情緒。用忍辱應對人際衝突，達到社會和諧世界和平。不寬恕，唯一痛苦的人是自己。因與果是宇宙律法，每人都必然要為自己的錯誤付出代價。要原諒及寬恕他人從而令自己重得快樂。對於自己的過失要寬恕體諒及自我反省，以便下次不再犯錯。人最難原諒及寬恕自己。我們都難免犯錯失敗而讓自己感到羞恥或困窘，但不要那麼認真的看待自己，沒有人會這樣看待你，要明白自己本質上是個善良的人，配得到自己的了解和原諒，自己已經盡力做到自己能力範圍可以做的事，要原諒及寬恕自己。

7. 知足、滿足及不比較：知足常樂

滿足是對自己擁有的安全感感到滿意及不與他人比較。與他人比較，如果覺得自己所擁有的不及他人，便會產生自卑感。知足是認知自己所擁有的，就算與他人比較或會不及他人，不過自己知道滿足就是夠了。

Diener（2008）介紹了一條很著名的快樂方程式：

快樂 = 我們所擁有的 / 我們想擁有的

越想擁有更多的人，容易感到不快樂，若能知足，反而更加快樂。所以知足常樂。

8. 中庸

《中庸》一書，是孔子的孫子子思所作。子思是承繼孔子學問心法的弟子曾子的學生。曾子作了一篇《大學》，子思作了一篇《中庸》，都是傳承孔子一系儒家學問心法的大作。

中庸是解作適合、適當和適可而止。不偏不倚，不多不少，是指恰到好處的狀態。人有七情六慾，人們想滿足慾望、追求快樂時，容易和其他人的慾望產生衝突，使其他人無法獲得幸福。為了平衡，想獲得最後幸福的人，可適中地滿足慾望，但必須有勇氣去自我節制。

9. 感恩

感恩有兩個意思：第一是感受恩惠，第二是感激恩惠。能感受到別人給予的恩惠，之後便是感激恩惠。因為若感受不到恩惠，何來感激呢！要懂得感恩，感恩其實只是主動找出察覺自己得到的東西然後感謝有份促成的人和事物。感恩是了解人類不是單靠自己的力量或努力就可以生存，還必須仰賴各種事物的支援才得以存活。以謙卑敬畏態度，不要傲慢。**人總會有錯，不要追求十全十美，能接受批評。因批評你表示他人未放棄你，仍然關心你，希望你變得更好。**知足及珍惜所擁有的及感謝大自然和他人的奉獻。懂得自己減壓，勇敢面對困難及積極尋找解決方法，盡力後便息懷隨緣，用平常心接受之後發生的事實及結果。

10. 隨緣

所謂緣分，就是遇見了該遇見的人；所謂福分，就是能和有緣人共同經歷人生的悲歡。緣分淺的人，有幸相識卻又擦肩而過；緣分深的人，相見恨晚從此不離不棄。有的緣分是可遇而不可求的，屬上等緣；有的緣分是可遇亦可求的，屬中等緣；有的緣分是可遇而無需求的，屬下等緣。無論何等緣分，都離不開珍惜二字。在這個世界上，凡事不可能一帆風順事事如意，總會有煩惱和憂愁。當不順心的事時常縈繞着我們的時候，我們該如何面對呢？

「隨緣自適，煩惱即去」。其實，隨緣是一種進取，是智者的行為，是愚者的藉口。

何為隨？隨不是跟隨，是順其自然，不怨恨，不躁進，不過度，不強求；隨不是隨便，是把握機緣，不悲觀，不刻板，不慌亂。緣在惜緣，緣去隨緣。有時，生活就是一種妥協，一種忍讓，一種遷就。並非所有的事情，都適宜針鋒相對，鏗鏘有力。多彩的生活，既有陽光明媚，也有傾盆大雨。**妥協不一定全是軟弱，忍讓不一定就是無能，和為貴**，有時，遷就忍讓也是一種智慧。

11. 自愛及自我認識

先會愛自己，有能力與自己談話，確立自我的存在，有能力獨處，做自己最好朋友，才懂得及有能力愛別人。富裕者才能饋贈，自愛者才能愛人。給人歡樂，自己必是充滿着歡樂的人。認識自我，寫下自己最喜歡食物、最喜歡的嗜好、自己最好的朋友、最想擁有甚麼東西、今年的願望、最喜歡的書本、電影及音樂、自己的長處及短處、最想去的地方、人生中艱難的經歷及人生中最快樂的時光等。

我的實踐

　　2019 年夏天，我們一家三口到班夫國家公園旅遊。我們原本訂了一部細車，但到 Calgary 機場取車時，推銷員建議我們換一部大車，因它有內置衛星導航系統。他說在國家公園範圍內行駛，有些地方用普通 GPS 會收不到訊號，所以建議我們用內置的衛星導航系統。因價錢相差不多，所以我們便答應了。但由於它要我們輸入郵政標記（postal code）、電話號碼或地址才能指示目的地的路線，遠遠不及用手機的 GPS 方便，所以大多數時間我們都不用它。

　　我們駛車往 Emerald Lake 途中，我覺得前面應該轉右便先問問小女兒正不正確，當她回覆我的時候，車子已經差不多過了轉右的位置，我見對面線沒有車便急急轉彎，結果因時速太快，轉彎時兩個右轆離地，兼且差一點撞埋路邊的停車指示牌，幸好我冷靜地避開那個路牌，但汽車還是失控地衝落一個淺灘上。汽車停定後才慶幸汽車和人都安全。定一定神後便想方法脫離這個困境，因為要克服六尺高的斜路才可以爬回地面。我選擇了一個略為乾爽的斜路及用傾斜 45 度的方向駛上路面，可惜臨上到路面，前轆在濕滑的泥土上空轉，所以功虧一簣。幸好正在徬徨的時候，突然間有四名大漢出現，自動請纓幫我們推車回路面。終於在大家齊心合力之下，嘗試了兩次才安全地將汽車駛回路面上。多謝完四位好心的駕駛者後，我要駕車返回 Chateau Lake Louise 酒店定神。當時已經十分感恩上天給我們逃過一劫。

　　回港後一個月，我突然想到如果那次意外死亡，我的遺體在柴灣火葬後便會舉行「解穢酒」或「纓紅宴」。「解穢酒」除了有安慰的意思，亦有解除污穢的含意。一般人所說的「英雄宴」其實正名為「纓紅」，有「被紅色纏繞」之意，即是神主牌已經能繫上紅帶。為節省時間，現時上山時帶孝，落山時已屬脫孝，這一餐則稱為「纓紅宴」。之後有時會安排追思會。

　　這麼我想現在應該是時候舉辦我的追思會，親朋戚友會在追思會中歌頌先人；但我的信念是死亡之後肉體和靈性皆滅亡，所以親戚朋友在追思會上所講的歌頌好話我是聽不到的。所以我即刻安排三次感恩晚宴，邀請我的好朋友、舊同學及親戚。並在晚宴上說出我感激他們的說話，也讓他們講述我們的因緣及發表他們對我的認識理解和對我的批評。為了讓來賓聽到我講的說話，我更去深水埗買了三百多元的大聲公。三次宴會都帶給我和來賓十分令人難忘、喜悅的相聚時光。

12. 難得糊塗

不怕吃虧，難得糊塗。在非原則問題上不計較，在細小問題上不糾纏。「難得糊塗」這句箴言是清代著名畫家鄭板橋所留下。人生在世，我們何不對家人及對朋友的缺點多一些包容，在那些與原則無關的小事上糊塗一下，不追根究底更能讓大家快樂。

13. 幽默

幽默（Humour），相當於漢語的滑稽、詼諧。這個名詞由林語堂在《晨報》副刊上撰文將英文「humour」一詞半音譯為幽默，是指令人感到好笑、高興、滑稽的行為舉動或語言，相當於風趣。幽默感則是運用或者理解幽默的能力。

任何年齡和文化程度的人都對幽默作出反應。絕大多數人可以感受到幽默——在碰到滑稽可笑的事情時感到愉悅、微笑或大笑，這些人被認為有幽默感。缺乏幽默感的人可能認為它是莫名其妙的、奇怪的甚至是不合理的。儘管這完全取決於各人喜好，但幽默的程度和方式依賴於地理位置、文化、成熟程度、教育程度和當時的情況。**幽默是受傷的心靈所發出健康、機智、寬容的微笑。**幽默源自人生智慧。諷刺是社會性的，幽默是哲學性的。諷刺針對具體的人和事，是對人性本身必不可免的弱點發出既有寬容、也是悲哀的微笑。

14. 自嘲

自嘲就是居高臨下看待自己的弱點，從而加以寬容。在生活中常碰到很多讓自己感到尷尬的事情，自嘲是能夠先下手為強，將局面調整到可控制狀態，也輕鬆化解了自己的尷尬。**敢於嘲笑自己，其實證明了這個人敢於正視自己的缺點。**

15. 念力、想像、夢想、期待、祈禱、自我催眠

我們的意念、思想是有能量的。腦電波是有頻率的，他們的震盪會影響其他的東西。同頻共振，同質相吸。振動頻率相同的東西會相互相吸引，而引起共鳴。大腦就是這個世界上最強的磁鐵，他發散出去比任何東西都還要強的吸力，對整個宇宙發出呼喚，把和你的思想振動頻率相同的東西吸過來（吸引力法）。如果你有自信，它會在無意中釋放出能量推動你走向成功（願望成真）。所以人要有正向思想，人們想擁有一個美好的生活，就必須表現出對成功、幸福和富足的期待，必須激活積極的信念，並讓這種期待植根於潛意識中。

人必須散發出信心與信賴，正向思想，心中有願景，有信心去實現。心中想甚麼，你都會把它吸引過來。實踐美好人生，多看書及冥想可加強想像力，創造、期待及實現目標與夢想。祈禱讓患者內心保持平靜，並且紓緩不安感和緊張感。我自己亦都相信有奇蹟及可以心想事成，所以有需要時我都會祈禱。

自我催眠或心理暗示是通過使用一些潛意識能夠理解接受的語言或行為，來幫助意識達成願望或啟動行為，令到內心期待甚麼就能成就甚麼。

16. 恢復力 / 復原力

根據美國心理學會的闡釋，在遭遇逆境、創傷、悲劇、脅逼後，例如當面對嚴重的家庭和關係問題，或者災難過後，人是能夠從艱難之中反彈。一般人都是擁有基本的復原能力（情緒恆溫機制）。

經歷一次較大的挫折而不被打敗。它是受到挑戰、災難和創傷之後的心理復原能力。從逆境之中重回常態，並且從中學習和壯苗成長。經一事

長一智。創傷事件給了一個機會在漫長的復原過程中學習，領悟到當中的正面意義，藉此更加了解自己並調整不合適的行為，有信心地面對生活，成為更好的自己。每個人天生都有一套潛藏內心的恆定系統，控制人的情緒。它使我們能夠應對內、外部各式各樣的挑戰，進行修補及保養，以能維繫恢復正常運作規矩。大自然甚至宇宙的運作都是由衡定規律所支配，就好像空調系統一樣，室溫會有升降，但最終都會維持在一個已設定的溫度之中，這是非常穩定的狀態。

想強化復原力可以用阿Q精神，例如在失落的時候，編一些美麗的謊言來安撫一下自己，採取正向思考，給生命一個理由，學識抽離，給自己一個獨處的自我時間，休息充電，過一個簡單的生活，讓自己的視野廣闊一點。另外有質素的人際關係，能轉化心態並懂得求助等都對增加復原力有幫助。

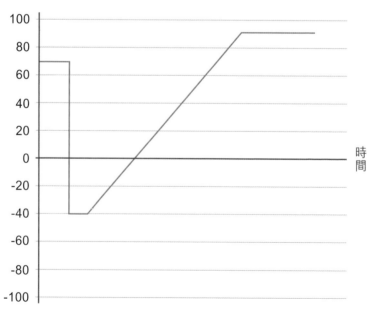

17. 得與失（失敗學）

人天性是習慣於得到而不習慣於失去。失去其實是人生的正常現象，整個人生是一個不斷地得而復失的過程，我們遲早要失去人生最寶貴的贈禮——生命，隨之也就失去了在人生過程中得到的一切。**人有旦夕禍福，既然生而為人，就得有承受旦夕禍福的精神、準備和勇氣。**不慣於失去至少表明對人生尚欠覺悟。為了習慣於失去，有時不妨主動地失去。宗教都有布施一說。布施的本意是教人去除貪鄙之心，由不執着於財物進而不執着於一切身外之物。

18. 墨菲 / 梅菲法則

梅菲法則是「凡是可能出錯的事就一定會出錯」，指的是任何一個事件，只要具有大於零的概率，就可確定它終有一天會發生。梅菲定律的原句是：如果有兩種或兩種以上的方式去做某件事情，而其中一種選擇方式將導致災難，則必定有人會做出這種選擇。在科學和演算法方面，與英文所謂的「worst-case scenario（最惡劣的情況）」同義。在實驗上，證明了最惡劣的情況不會發生，並不代表比它輕微的情形就不可能。在文化方面，它就代表着一種近似反諷的幽默，當作對日常生活中不滿的排解。凡是可能出錯的事必定會出錯，永遠與錯誤共生。要擁抱失敗，對失敗有足夠心理準備。得不喜，失不憂。失敗不可怕，錯誤不是壞事，不斷從錯誤中學習，才得以進步及成長。而事情沒有對或錯，視乎我們用甚麼角度去看。

🍃 （二）大腦及身體放鬆

練習冥想讓腦袋真正休息及靜觀。

1. 冥想（MEDITATION）

人腦消耗能量佔了人體總消耗能量 20%。大腦所消耗的能量大半都用於所謂預設模式網絡 DMN（default mode network），它是指由內側前額皮質（ventromedial prefrontal cortex）、後扣帶皮層（posterior cingulate cortex）、楔前葉（precuneous）、頂葉（parietal）、頂下葉等所構成的腦內網絡，會在大腦未進行有意識的活動時執行基本運作。大腦處於休息狀態時，預設模式網路的功能包含認知與情緒處理功能、監控周圍的環境及白日夢（mind-wandering）等都依然處於自動

駕駛模式運作。後扣帶皮層（posterior cingulate cortex）被認為與自我本位的「我執」有關。當大腦惦記着已結束的事情及煩惱着之後即將發生的事，這種預設模式網絡運作狀態長期持續，大腦便會覺得疲勞。累積了大量的大腦疲勞物質 β 澱粉樣蛋白。

透過冥想可抑制 DMN 的活動，內側前額皮質及後扣帶皮層的活動程度都降低，以達到大腦正式休息。將注意力導向呼吸就能使後扣帶皮層的活動量降低，抑制預設模式網絡的活動，大腦就能夠進入更深層的休息。

冥想亦都可以令到大腦皮層厚度增加，提升大腦功能，而左海馬體、後扣帶皮層及小腦的灰質密度亦都增加，有強化記憶的效果。

面對壓力，情緒中心的杏仁核會通知下丘腦（hypothalamus）、腦下垂體及腎上腺分泌壓力荷爾蒙，又影響交感神經，產生心理病狀如心悸及過度換氣等。正念可令到額葉抑制杏仁體對壓力產生的過度反應及令到右側杏仁核的灰質密度降低。

冥想能增加專注力，鍛煉及加強自己念力、智慧、自我身體及情緒的察覺。加強自信、自尊及自愛，強化產生慈悲及幸福感的神經中心。**境由心生，做自己心身的主人，增加心想事成的機會。**在寧靜的環境如圖書館、博物館、音樂廳及大教堂，可讓心靈有一個安靜庇護所，脫離嘈雜的外在世界，減除雜訊的干擾。

在瑜伽裏冥想是經常被使用的，佛教、道教則稱之為打坐，在佛教也可稱為坐禪。

冥想有很多好處，能減壓、增強意念力量、控制思想情緒、增強身體

我的實踐

我通常於晚飯後 1 小時在客廳進行。熄燈及播放輕音樂，只要是寧靜及不受騷擾的環境便可。

免疫力，達到治病減痛的效果。我認為它像游泳、英文、單車等都是值得各位學習的技能。（參考 http://happiness486.com/2015/10/06/meditation 冥想文章）

盤坐瑜伽蓆

採用七支坐法。用單跏趺盤坐（左腿在下，右腿在上 = 金剛坐），脊骨要挺直，肩膀平，拇指尖輕觸食指尖，手背放在膝頭上，又可結手印，兩手環結在丹田（肚臍下四齊指），手心向上，右手背平放在左手心，兩大拇指輕相拄（三味印 / 禪定印）。閉或半閉眼睛，目光定在坐前三至五尺遠處，舌尖抵上顎，頸椎頭部擺正，後腦向後收正，微低頭。略為郁動身體各處達到放鬆舒適的坐姿。放鬆面部肌肉，保持微笑。這坐姿可幫助更容易進入專注而放鬆的心理狀態。

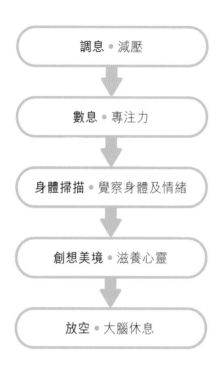

調息 • 減壓

數息 • 專注力

身體掃描 • 覺察身體及情緒

創想美境 • 滋養心靈

放空 • 大腦休息

預備階段是調心，將意識導向呼吸上，感覺到空氣從鼻孔中出入。腹部及胸腔跟隨着上下起伏。在過程中，對心中浮現的各種想法，不需拒絕或控制它。讓身心安靜下來，收攝我們的注意力。

第一階段是調息（觀息），一吸一呼為一息，先觀息。心念注意在深長呼吸上，感覺空氣進出鼻孔，用橫隔膜式吸氣（腹式呼吸），肚會脹出來升起，同時心中產生想法：「我正在吸氣，讓身心都放鬆、平靜、喜悅。」呼氣時，肚會下陷。同時心中產生想法：「我正在呼氣，讓身心都放鬆、平靜、喜悅。」可吸氣心數五下，閉息心數二十下，呼氣時心數十下。開始將注意力放在丹田，當吸氣時用意念想像真氣或能量從丹田升上喉嚨，呼氣時真氣或注意力從喉嚨降下去丹田。又可用鼻孔交替呼吸法。將左手中指壓在右鼻翼，用左鼻孔吸氣。跟着用左拇指壓在左鼻翼，用右鼻孔噴氣。所有注意力只放在深長呼吸上，可令心跳

及血壓下降，達到減壓的效果。冥想減少交感神經系統（sympathetic nervous system）活動及增加副交感神經系統（parasympathetic nervouos system）的活動，增加身心的放鬆，抑制焦慮，改善面對壓力的身心反應，醫治失眠。

止息是緩緩地吸氣，吸飽氣之後，盡可能地將這氣息守住，當覺得再也無法屏住氣息時，才用力將所有氣一次完全吐出來。除了可淨化散亂的身心狀態，更能幫助打通體內的氣脈。

這是冥想的第一個好處。

第二階段是數息。體弱多病，宜數入息；血氣旺盛宜數出息（呼氣時數一，再來一進一出，數二），計 20-50 次。眼觀鼻，鼻觀心。出入息時，只注意鼻孔呼吸，配合心念寧靜，呼走煩惱痛苦，就這樣可練專注力。像行山一樣，最初無路徑，到目的地時間便長，但日日行同一條徑，路徑漸成，到達目的地時間便少了。鍛煉專注力，建立腦部神經傳導路徑便可增強專注力，應用於日常工作或學習上。停止胡思亂想，減除雜訊使腦可有效地接收重要的訊息。

這是冥想的第二好處。

第三階段是身體掃描（內觀禪修）。利用想像力，吸氣將氣送達身體一處，即注意力在該處，感受該處進行觀想，呼氣時，觀想氣息從該處往上送，帶着該部分身體的疲倦不適從頭頂氣孔釋放出去。可由額頭開始，幻想身邊包圍着宇宙真氣能量，當吸氣時將周邊真氣經頭頂中的頭頂輪進入額頭，即注意力在額頭，並通知額頭肌肉放鬆，再用呼氣把不舒服、疼痛或壓力從額頭經頭頂輪釋放出去。跟着逐一掃描眼、耳、鼻、喉嚨、頸、心、肝、脾、肺、腎、胰、腸、膀胱、頸骨、腰骨、膝關節及最後到腳拇指。吸氣將意識或注意力停在身體某一處，感受該處，吐氣時，觀想氣息從該處往上送，從頭頂氣孔釋放。察覺到身體某處有疼

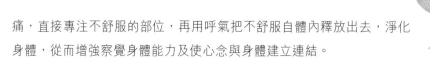

痛，直接專注不舒服的部位，再用呼氣把不舒服自體內釋放出去，淨化身體，從而增強察覺身體能力及使心念與身體建立連結。

所以進行身體掃描的好處是增強察覺能力（awareness），從而掌控意識，由專注帶出覺察，有好察覺能力更能令我們將意識集中在眼、耳、鼻、舌、身這五感官。欣賞當下周圍美麗景物及活在當下。又能探索及認識自我的精神態度，觀察深層的自我。科學家發現冥想能改變腦部神經傳導路徑，令身體內部感覺敏銳度的區域明顯增厚（Limbic system）。瞬間觀察事物能力加強。這是冥想的第三好處。

第四階段，要利用我們的念力（意志、想像力或自我催眠），想像進入電梯內。一吸一呼，電梯便下降一層，從十樓降到地下，門便打開。眼前是你一生中經歷過最喜悅的情景或最美妙的體驗。我想像的情景是處身於北海道十勝川溫泉酒店內的露天溫泉。在夏天晚上，裸體浸在無人的溫泉，無拘無束，看着滿天星星，聽着美妙的風聲及蟬鳴，聞到鮮花的香味，心裏感受到平和寧靜，讓心靈得到滋養。在日常生活或旅遊時，增強覺察力，多儲蓄這些美好情境，想着最美妙的體驗來淨化心靈，滋養心靈及供給心靈多些能量。

當念力（正念 mindfulness）增強了，可掌控思考。可利用念力吸入宇宙能量，經頭頂輪進入體內病患處，消滅病毒及癌細胞，然後呼氣排出毒素，達到自癒效果。又可經頭頂輪吸入宇宙能量（真氣），呼氣時將真氣送入丹田。一段時間後真氣自動溢出到內臟的經絡，打通經絡上形成的氣滯點、瘀血點，打通任督經脈。

第五階段是放空。前面四個階段是高度心意活動，現可讓腦部休息，完全不思考。起初當然有困難，但只要不追蹤每一個新的念頭，將注意力放回呼吸上，泰然自若地觀照所有來來去去的念頭和感受。漸漸會覺得周圍被白霧包圍，進入深層寧靜的境界。它的好處是讓大腦真正休息，好像我們想盡量放鬆左手，先盡力手握左手拳頭五秒才放鬆，這樣你便可感受真正的放鬆。當我們經過頭四個階段高度心意活動後便比較易叫大腦休息，科學家發現高僧禪定時的腦電波好快由 beta β 波（清醒顯意識）減緩至 alpha α（橋樑意識，淺睡，白日夢），θ 波 theta（潛意識層面、深睡作夢、深度冥想時出現，極度放鬆，又稱佛陀腦波，是創造力與靈感的來源）及最後到 delta δ 波（是在非快速動眼睡眠第三期時出現的腦波，無意識，只有深度睡眠狀態或放空才會出現）。**所以冥想放空 10 分鐘，等如 1 小時睡眠的效果，是真正的腦部休息**。原因是在大部分睡眠時間及發夢時，腦部不是完全休息，預設模式網絡是繼續運作。放空像電腦關機，當電腦運作了一段時間，RAM 空間小了，運作開始遲鈍，關機再開便可令電腦回復正常。入禪定或放空後，腦電波便會減至最慢，完全不思考。

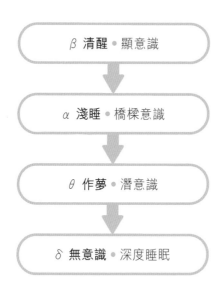

β 清醒 • 顯意識

α 淺睡 • 橋樑意識

θ 作夢 • 潛意識

δ 無意識 • 深度睡眠

放空或做一些與原本動腦筋應付問題完全不相關的事情，讓大腦離線及放鬆一下，讓大腦充電。當完成充電後，然後再起新動念，此時思考會變得清澈澄明，神思暢通，靈感湧現，靈光乍現，答案突然浮出，難題迎刃而解。科學家也證實冥想可提高腦部整理思維處理數據能力及增加智慧，令大腦灰白質變多。初學者思緒不容易放空，就在念頭生起時，知道就好了，不去管它，不去追，不去趕，放着，自然來，自然溜走，將察覺先帶回呼吸上。

慈悲心冥想

想像向那個為您帶來壓力的人表達愛與憐憫，並在心中念着句子如希望他幸福及希望他健康等，這樣可以抑制對他人的負面情緒，培養正面情緒如愛、憐憫、溫柔、同情、寬容、喜悅、感謝等情緒。

定而生慧，靜坐改變心靈，寧靜平和心境使心靈發揮無限的可能性，拋開小小的自我，尋得內在的真實自在，沉浸於慈悲、智慧與喜悅中。唱

誦咒語「唵嘛呢叭咪吽」可令腦儲存記憶的海馬體特別活躍。神聖聲音和人體頻率十分接近，會引發我們體內的共鳴（振動）和諧。

最後階段，想停止練習，先摩擦兩掌至發熱，然後用微曲掌心蓋在雙眼上，打開雙眼，望着兩掌離開，跟着用雙手輕柔地按摩雙眼、臉與腿上的肌肉，再回復平常坐姿，這樣便完成整個冥想鍛煉。

靜坐使大腦進入 alpha 波狀態，能帶來身心健康的狀態。在這狀態中，身體修護功能最能發揮效果，而且大腦能更有效地整理記憶以及平衡情緒，達致心境平靜，思維清晰敏銳。因此帶來身心健康的作用。處於 alpha 狀態時，顯意識與潛意識同時活躍，主動與被動思維並存，令人更容易參透矛盾與難題。

總結冥想的好處，冥想減少交感神經系統活動及增加副交感神經系統的活動，增加了放鬆，可抑制焦慮、醫治失眠，又可加強集中力、專注力從而增加覺察力（mindfulness）平靜地觀察，觀照自我，令身體內部感覺敏銳度的區域明顯增厚（Limbic system），瞬間觀察事物能力加強。改變腦部神經傳導路徑，令前扣帶皮質（anterior cingulate cortex）、海馬體（hippocampus）、杏仁核（amygdala，情緒中心）、下丘腦連結增多，協助腦部控制情緒（焦慮、憂鬱、憤怒），使人更加自律，減少焦慮，增強已被壓抑的免疫系統（防預、殺滅、療癒能力），又可增加腦負責注意力和處理感覺輸入訊息部位的灰質厚度，增加智慧。做自己身心的真正主人。這是冥想的最終好處。

其實**進行冥想，最緊要的是持之以恆，將冥想成為習慣**，不一定要在寧靜的環境或七支坐姿中進行。不論在任何時間，任何地點都可練習。在臥、行或在生活中某一環節都可以進行察覺力。先專注於呼吸上，然後察覺自己身體姿勢，手腳關節知覺，身體與物體接觸的感覺。細心去察

覺那個感受，察覺自己情緒及意識。持續練習，形成習慣，成為生活的重要部分。隨時隨地能做到放鬆心情，能專注及能察覺身體的任何反應及心起的動念則更好。

大腦放空時，其實不是真的閒置不動。那時潛意識恣意地馳騁，充滿了活動。無意識下的思維其實是哺乳類動物大腦的根本特色，這是大腦的思維預設模式，也是彈性思維的關鍵性大腦流程。

放空大腦、發白日夢或讓大腦神遊時，反而冒出奇思妙想，自然冒出煩惱問題的答案來。

當我們放空休息或從事其他安靜的活動，例如散步，彈性思維的神經網絡會仔細翻找大腦中儲存的龐大知識庫、記憶庫和感覺庫，把平常不會聯想在一起的概念結合起來，並注意到平常不會發現的關鍵，這便是能幫助我們冒出奇思妙想的原因。

2. 靜觀 / 正念 Mindfulness

喬・卡巴金博士視靜觀為有意識地，不加批評地留心當下此刻而升起的覺察，藉以了解自己，培育智慧與慈悲。他於 1970 年代創建了「靜觀減壓課程」。

靜觀 / 正念的定義是不做任何判斷，主動地將注意力集中在當下的經驗上。是指有意識地以一個不加批判的心，把注意力帶回到此時當下的自己，覺察自身的思想、情緒和身體反應，以一顆潛在的慈心如實地接納自己「當下」的所有經驗。能有意識地覺察周圍環境、自己的行為及思想，又常有意識地覺察及控制自己身體。（參考網址：https://happiness486./2020/02/27/）

培養到分析思維的思考，可以擺脫大腦對於外來資訊的自動化反應。這種自知之明，心理學家稱之為正念，根源於佛教冥想的概念。

正念是第三代的認知行為療法，可減低壓力，抑制雜念，提升注意力及記憶力，控制情緒，降低我執，增加自制力及改善免疫力。能在困境中依舊保持心靈的平靜，獲得平常心及復原力。專注於當下正是提高心靈復原力最聰明的辦法。

培養正念可用下面方法：

一、掃描全身

以舒服的姿勢坐下或躺下來。這個活動只需要 10 至 20 分鐘。閉上眼睛，深呼吸幾次，把注意力 / 意識導向身體的某一部分，吸氣時空氣從鼻子進入，經過身體吹往哪個地方。呼氣時在哪地方的空氣經過身體從鼻子離開。先將注意力集中在整個身體上感受到身體在地板或椅上的重量以及身體接觸地板或椅上的感覺，然後從額頭開始意識到身體每個部分的感覺。額頭肌肉是不是收緊或放鬆呢？慢慢地將意識轉移到身體每一個部分做同樣的程序；最後去到腳趾。利用身體掃描，可以調節自律神經，副交感神經的活動量會增加，控制疼痛的前扣帶皮層及島葉（Insula）活動量會增加，有效地控制疲勞與疼痛。

二、注意想法

閉上眼睛，深呼吸幾次，把注意力放在呼吸上直到靜下心來。接着放鬆注意力讓思緒流入超然的方式。對每個念頭不做任何判斷、也不參與，讓那個念頭單純散去，或導向另一個念頭。在練習過程中，遇到難以理解的念頭時，也接受並觀察那個念頭。

三、用心進食（動態冥想如行路冥想及餐食冥想）

用一片朱古力來鍛煉。一開始先深呼吸幾次，清除腦中雜念，接着把朱古力放在手上，注意它的包裝，感受那個包裝的質地，接着打開包裝，感受朱古力的質地，注意它的外觀。將它拿到鼻尖聞它的香味，注意身體對它的反應。現在慢慢地拿在嘴邊輕輕地放入嘴裏，但不要咀嚼或吞嚥。閉上眼睛把舌頭移到朱古力上注意那個感覺，注意舌頭嚐到的滋味和感受。在嘴裏移動朱古力，待朱古力融化時慢慢地吞下，持續注意那個感覺。

也可嘗試將意識導向日常生活中當下的行動如刷牙、穿衣服、走路、飲食等。

我的實踐

2018 年中，我參加了由臨床心理學家所主辦的靜觀基礎體驗證書課程。課程合共六堂，每堂兩個半小時。我參加這個課程的原因是，我十分推崇冥想，但是暫時都未有機會去參加寺院舉辦的幾天禪修課程，剛好從家人帶回來的刊物《心活誌》知道有這個靜觀課程，每星期五晚上 7:00 至 9:30 在旺角舉行。正好適合我的空閒時間，所以便報名參加，希望得到多些實際體驗，方便我將來與朋友分享冥想的好處。班上共有九位同學，六男三女。大家都積極參與及將自己的經驗與其他同學分享，老師用生動的例子講解，其中最深刻的覺察體驗是老師引導我們慢慢品嚐一件獨立包裝的蛋糕（五觀品嚐）。

開始認識及練習靜觀後，多了覺察自己身體。跑步時我將呼吸配合跑步，吸氣時跑兩步，呼氣時又跑兩步。將呼吸與身體動作連接，果然呼吸暢順了並增強了跑步的耐力，可以跑得更遠；游水時我都察覺到撥水及撐腳的動作；打哥爾夫球亦察覺到自己的揮桿動作，令球技有所進步。

最近遇見一位老朋友，因我剛剛看完關於死亡的心得，正想與他分享，他突然說如果我們不是老朋友，他會拍枱離開。我聽了之後很愕然，但我即刻察覺到自己不開心及種種負面情緒，即時用不批判的態度，放下這些負面情緒，轉過話題。之後從談話中才知道他最近的母親離世，所以對死亡這個題目十分敏感並想逃避。幸而我學識了靜觀，避免由自動導航表現出來的負面情緒及魯莽的行為而導致失去一個多年的朋友。

對於最近報紙報道的醫療事故，我也先以一個開放不批判的態度處理，未有掌握事件的來龍去脈及實際情況前，不會隨便發表自己的意見，避免自己做出愚蠢的行為。

現在每天坐地鐵、走路及進食時，我都能有意識地覺察周圍環境，自己的行為及思想，又常與身體溝通，開始關懷自己的身體，喚醒預防疾病、殲滅病菌及自我復原的免疫能力。漸漸提高了自信心及加強了自愛及憐憫心，覺得自己是一個圓滿的人。以上都是我從練習靜觀而得到的好處。

（三）嗜好

工作、休息、運動及嗜好之間要取得平衡。嗜好除了可以紓緩壓力，更可以驅除無聊及幫助我們品味人生。

嗜好是從事一件自己有濃厚興趣，覺得好玩而積極參與的活動，而不必在乎結果（對身體有益或對事業有幫助），是消遣。當處於「心流狀態」，會忘記惱人的焦慮或其他負面情緒。樂在其中。

從五官及六感來分類嗜好：

1. 眼（看）：電影、攝影、射擊。
2. 耳（聽）：音樂、唱歌、樂器。
3. 舌（食）：廚藝、享受美食、茶道。
4. 鼻（聞）：園藝、香道。
5. 身（觸）：古玩、體育、瑜伽、書法。
6. 心（意識、思考）：閱讀、寫作、棋藝。

60 歲後想在眼耳鼻舌身意方面增強覺知和欣賞能力，所以開始研究及品嚐茶、咖啡、芝士及各種酒類，並研究古董、學習陶藝及成立不同的網上興趣群組。

1. 眼（看）

攝影

攝影是我最喜歡的嗜好。攝影是先有想法、構思、準備及等待，再用技巧及審美眼光來捕捉着一瞬間的光影景物而將它變成永恆景象。攝影是藝術，我們可從相片中的攝影角度、構圖、色彩、光影、質感及其傳遞的信息意念來欣賞它。**好的相片能令觀者產生共鳴並使靈性有喜悅或憐憫的感受。**

記得我在伊利沙伯醫院 X 光部接受專科訓練時才第一次擁有一部蘇聯 Zenit 菲林相機，作為旅遊攝影之用。在 1997 年和家人去美國佛羅里達州旅行，參觀完朱古力廠，我從後門走出來，因陽光普照，我見到地上棚架的陰影構成了一個很美麗的圖畫，即時拍了一張自己覺得滿意的照片，同年參加香港醫學組織聯會週年攝影比賽，好僥倖地獲得冠軍。這樣像賭徒第一次賭錢贏了，於是便開始沉迷，並正式學習攝影。因為想請當時拍攝人像十分聞名的龍君兒先生教授攝影，而我比較精打細算，結果召集了十幾位志同道合的醫生利用午飯時間一齊在旺角上堂，攤分學費。前後舉辦過幾個攝影班及戶外實習。因有名師教導及與其他同學互相切磋，我的攝影技巧有一定的進步。掌握了光圈、快門曝光、鏡頭焦距等等的運用，終於可以影到一張曝光正常、影像清晰、還原我用肉眼看到景象的照片。記得一次朋友聚會，有朋友誇獎我的照片漂亮，我太太即刻回應說我的照片是騙人的，因為現場環境沒有這麼漂亮，聽完之後我便知道自己終於畢業了。

因為我喜歡拍攝全景相（panorama），所以我增添了一部昂貴的哈蘇全景相機，先要哈蘇之後才要蘇蝦（BB）。黑白攝影大師 Ansel Adams 是我的偶像，所以去美國優勝美地（Yosemite National Park）朝聖及拍照，亦都是我死前必要去的地方之一。

醫學聯會因為我是冠軍得主，在 2001 年至 2005 年都委任我做攝影興趣會主席。2005 年聯會的攝影會解散，因已聚集了一批志同道合的醫生，我便創辦了醫生攝影會（PDA），不時舉辦講座及進行戶外實習，並每週定期飯聚交流攝影心得；近年亦都成立了網上群組互通消息。2006 年我遞交了 15 張能表現我擁有不同的攝影技巧的照片考獲香港攝影學會會士（A.PSHK），2007 年我將四年來搜集得來的香港電車照片投考英國皇家攝影學會會士銜頭。在那四年，我會利用一大早時間去

石塘咀豐物街電車廠拍攝第一班電車出閘的情況，又會從堅尼地城電車
總站乘電車到筲箕灣總站，沿途拍攝電車內外的風光。我準備了 15 張
不同風格及不同攝影技巧的照片，連同一篇 150 個字的文章解釋自己
選擇這個題目的原因，寄去英國投考，幸運地第一次已經考獲了會士資
格。之後我便開始將我的攝影心得和他人分享，並舉辦了幾次攝影講
座。一張好相包含好構圖、平衡、角度、色彩、光影、特別模式韻律
pattern、質感（美）、有故事性或內涵及創意、不擺佈（真）、與觀者
有共鳴及令觀者產生喜悅或憐憫等心靈感受（善）。

**學懂攝影的好處，除了可以拍攝出稱心滿意的旅遊相，並可保存幸福、
快樂、永久的記憶直到永遠。**拍攝時要觀察細節體驗當下，選擇目標，
思考構圖，調節光圈快門到最後按下快門掣，凝住瞬間，留住重要時
刻。這都需要我的覺察及需要很高的專注力與耐性，對於智能和體能也

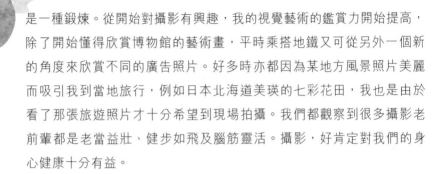

是一種鍛煉。從開始對攝影有興趣，我的視覺藝術的鑑賞力開始提高，除了開始懂得欣賞博物館的藝術畫，平時乘搭地鐵又可從另外一個新的角度來欣賞不同的廣告照片。好多時亦都因為某地方風景照片美麗而吸引我到當地旅行，例如日本北海道美瑛的七彩花田，我也是由於看了那張旅遊照片才十分希望到現場拍攝。我們都觀察到很多攝影老前輩都是老當益壯、健步如飛及腦筋靈活。攝影，好肯定對我們的身心健康十分有益。

因為我是自僱人士，所以每年可以安排兩至三次十多天的假期去世界各地旅遊攝影。每年我都會挑選一批我認為滿意的照片作為日曆，送給我的客戶以及在公司義賣籌款，亦會將個別比較吸引的旅遊照片用膠套封好，售賣給我的病人，得到的款項全部捐給慈善團體。

攝影的魅力是可把美好的及最美妙的一瞬間被永恆地捕捉及保存下來，讓我們可隨時重溫。學懂攝影及如何取景可提升藝術欣賞能力及增強對環境的察覺力，令到去旅遊、遊覽博物館及接觸大自然的樂趣增加及能活在當下。掌握攝影技巧後，便可用自己的創意拍出傑作。作品更可製成相簿、裝裱展覽或參加沙龍比賽及考取銜頭。攝影作品獲得欣賞便有成功感，加強自己的自信心，又多了一批志同道合的朋友，以上種種都令到我的幸福滿足感提高了很多。所以我十分樂意推介攝影這個嗜好給我的親戚朋友。以前我常常發的噩夢是考試前一晚還準備不足夠，現在我的噩夢是去到一處美麗的地方才發覺相機沒有電或忘記帶記憶卡，而錯失拍攝的好機會。所以，我對攝影的喜好是十分瘋狂的。

銜頭

- 醫生攝影會（Doctors Photographic Association）副主席（2006-現在）
- 香港醫學組織聯會攝影會主席（2001-2005）
- 英國皇家攝學會會士 A.RPS（2007）
- 香港攝影學會會士 A.PSHK（2006）
- 香港醫學會攝影會委員（2015- 現在）
（我的攝影心得：https://wp.me/p6OFG6-O）

看電影

看電影也是我減壓的嗜好。電影文學取材於人性及大自然，表現悲慘苦難令觀看者產生憐憫心，感動流淚抒發感情，進而使心靈受到洗滌和慰藉而達到心情舒坦。看電影是最普及的娛樂，又是最多人接觸及欣賞的藝術（第七藝術）。我們可從多角度欣賞電影，包括故事內容、演員技巧、導演手法、拍攝技巧、特技效果、配樂編排、音響效果、道具與服裝等。

我喜歡看電影，是因為覺得花費無幾，觀看電影一兩個小時，不僅可享受官能刺激，更可藉着從導演鏡頭下所捕捉的人性面貌，予以情感投射，從而抒發及宣洩自身感情，慰藉心靈。看過一齣齣電影，尤如經歷了一段段的精彩人生、一波波的情緒起伏，這是十分化算的。

2. 耳（聽）

聽音樂

可參考我的嗜好──音樂：https://wp.me/p6OFG6-45

Hi Fi 及體驗

可參考 Hi Fi-ABC──https://wp.me/p6OFG6-mx

唱歌

唱歌具有很大的健康價值，它不僅能讓我們心情愉快，而且還能增強我們身體的免疫能力，是讓我們保持身心健康的天然良藥。它能釋放悲傷，讓人情緒變好。唱歌中使用的腹式（橫膈膜）呼吸法，能起到緩解壓力的作用及消耗能量，幫助減肥。

研究人員已經證明，人們在唱歌時，大腦中會釋放出一種名為催產素（oxytocin）的荷爾蒙。剛生下孩子的媽媽在給寶寶餵奶時大腦裏也會釋放出這種荷爾蒙，夫妻戀人含情脈脈地互相凝視時，他們的大腦中也都會釋放出這種荷爾蒙。這種荷爾蒙能增進人們之間的感情。

我曾和同學出了一張 CD，收錄了我唱的一首歌作慈善用途

3. 舌（食）

味覺與嗅覺

美食

品嚐美食包括觀看、聆聽、聞香味及口感（色聲香味觸）。鑑賞進食環境、背景音樂、盛載食物的器皿，眼睛會矇騙味蕾。品嚐美食，除了香味口感，另外多了咀嚼食物，欣賞食物的質感、嚼勁、酥脆、順滑及味覺的酸甜苦鹹鮮等。

欣賞美酒和欣賞美食的分別是，欣賞美食，我們先要將美食變做液體，才繼續用欣賞美酒的方法品嚐變了液體的食物，所以多了一個咀嚼的享受。我們從咀嚼中享受食物的嚼勁如雲吞麵是否彈牙、北京填鴨的皮是否鬆脆、日本大福餅是否煙韌、老婆餅的皮是否香酥、A5 和牛是否入口溶化、牛肉是否嫩滑等感覺。當食物變成流質液體的時候，我們閉氣品嚐食物的味道，閉氣可避開香味的影響。原來食物有五種味道，包括酸、甜、苦、鹹、鮮。辣不是一種味道。「鮮」日本文是 Umami（U-媽咪）。鮮味是游離麩氨酸鹽離子及核糖核苷酸（nucleotides）離子兩大類形成。

味精（MSG monosodium glutamate）由日本化學家池田菊苗教授於1908 年發明。它是由昆布萃取麩氨酸鈉而成。味之素（Ajinomoto）是味精商標名稱。

實踐

我創業初期，每年農曆新年之後，都會有百多二百個日本人到我診所做胃鋇餐檢查，每年都捉到一至兩個胃癌個案。某年聖誕節，我和家人去日本東京旅行，日本醫生盛意拳拳約了我們到埗當晚立刻到日本築地食

魚生，但我一落機已經感冒，肯定會食之無味，但因精神尚好，結果勉強出席晚宴。但晚餐時依然品嚐到十分鮮甜的海膽，當時我以為因為築地的海膽比香港的海膽新鮮，所以雖然我大傷風，依然可以品嚐到它的鮮味，現在才知道原來傷風感冒只會影響我的嗅覺，對於我的味覺是沒有影響的；所以我可以品嚐到海膽的鮮味。現在欣賞美食，我們可將它的鮮味與味道分開品嚐，先咀嚼，形成了液體便閉氣及用心品嚐食物的酸甜苦鹹鮮，嚥下液體再從鼻孔噴出空氣，專注享受它的香味。品嚐美酒，在喝下美酒 8 秒鐘後，依然能從鼻孔噴出的空氣中聞到酒香，便說有餘韻了（after taste）。

我每天幫病人做肝臟超聲波掃描，發覺很多香港人有脂肪肝，除了飲酒及糖尿病的成因之外，最常見的原因是肥胖。

每天我都用以上如何欣賞美食的方法，幫助有脂肪肝的病人減肥。原因是要將美食化為液體，通常我們都要咀嚼 30-40 次。咀嚼的動作，除了令到我們的腦袋更加聰明之外，更加令到腦袋以為我們食了很多東西，變成液體的食物在胃及小腸裏很快便被酵素轉化成單糖（glucose）、氨基酸（amino acid）及脂肪酸（fatty acid）等離子。這些物體穿過細胞膜進入血管裏，再被輸送到腦的食物中心，中心神經細胞感覺到血液裏面的這些養分濃度足夠，便給我們有一個飽的感覺，滿足了我們飢餓感。

以前吃東西時囫圇吞棗，尤其是做實習醫生的時候，一個午餐通常 5 分鐘便吃完，所以當我們的腦覺得自己吃了一碗飯其實已經吃了三碗飯。吸收多了的能量便轉化為脂肪，儲存在肝裏面。現在用這個方法品嚐食物及飲料，我們的食物可以食少三分二已依然滿足到我們的飢餓感及食慾。最後在病人離開前，我便會再問病人一個問題，問如果用以上的方

法品嚐香蕉有甚麼結果。病人沉默了一輪，我便説香蕉也會變做香檳酒。意思是，在一個寧靜和諧安全及自由的環境下，內在心境自我感覺良好、心安、平靜，並能懷着感恩的心情下，專注品嚐食物及飲料，滿足了我們的食慾，幫助消除壓力及令心靈（spirit）感到喜悦，無論吃甚麼東西都會是美食了。

美食淺談　https://wp.me/p6OFG6-ls

茶　https://wp.me/p6OFG6-bq

咖啡　https://wp.me/p6OFG6-cs

品嚐美酒

酒 ABC　https://wp.me/p6OFG6-gY

葡萄酒　https://wp.me/p6OFG6-gR

美食淺談　　茶　　咖啡　　酒 ABC　　葡萄酒

4. 鼻（聞）

嗅覺

燃香 incense、香道與香薰治療
https://happiness486.com/2020/02/21/

燃香

香水
https://happiness486.com/2020/02/20/

香水

氣味是人類嗅覺系統對散佈於空氣中的某些游離分子的感應。人類大概能識別 1000 種不同的氣味。嗅覺是化學感官，環境氣味分子的化學信號進入鼻孔鼻前通路，而當我們吃喝時具有揮發性的芳香氣味分子會在呼氣（不是吸氣）時從口腔後方進入鼻後通道。我們欣賞食物的味道，其實是包含從鼻後通道獲得的香氣與及從口腔味覺感受到食物的酸甜苦鹹鮮加在一起的感受。氣味分子與鼻腔上方的嗅覺細胞產生反應，產生的生物電波通過神經傳到大腦。

我們會藉着鼻前通道得到的嗅覺來預測鼻後通道傳來的食物氣味。可以用情境設定氣味（scene-setting scent）和心境引導香氣（mood-inducing aroma）強化飲食的氣味。為了懂得享受美食和美酒，所以我要加強嗅覺的訓練。在五官之中，嗅覺傳導的路徑和腦中的情緒及記憶迴路更為靠近，有更直接的連結。嗅覺能直接將外來刺激傳達到大腦負責控制情緒的大腦邊緣系統（Limbic system），最能喚醒人的情緒和記憶。氣味可以從多方面影響人，由心情到集中力，以致勾起回憶及情緒。氣味的記憶比起其他觀感更持久，更容易勾起回憶。相比視覺、聽覺或觸覺，一般人能回憶氣味的能力高於 100 倍。調查發現當人接觸到清香的氣味時，心情有明顯改善達 40%。

不同的香氣可以提神，令工作專注，亦都可以紓緩壓力及令到人可以聯想到快樂的回憶，燃香除了享受香味之外，看着乾冰似的輕煙從香爐罅隙流出，東飄西移緩緩上升 ，繚繞升騰而消失於無形中，除多了觀賞香煙纏繞升騰的視覺享受外，更感悟世事的無常。人也不會太固執。

所以我買了香薰機、香囊及到上海街買了香爐、線香等工具用品在我辦公室應用，使我可以在一個芳香放鬆舒適的環境下有效及更專注地工作。

5. 身（觸）

哥爾夫球

https://wp.me/p6OFG6-I7

哥爾夫球

陶瓷製作

https://wp.me/p6OFG6-sn

陶瓷製作

欣賞藝術及收藏──青銅器

https://wp.me/p6OFG6-vE

青銅器

旅遊

大自然是一個超級成長的系統，回歸大自然，人自然會變得謙卑。大自然擁有神奇的自癒力量，看見綠油油的景觀，心情也開朗得多。接觸陽光，患憂鬱症的機會也會較低。大自然是美的泉源。享受陽光，觀看日出、日落及大自然的生命力。當人們親近大自然，頓時就會感到身體舒懷放鬆，在靜憩的大自然環境下，人們可以透過五官感覺觀察到大自然蘊藏着生命的循環，即使小草、螻蟻也充滿生命力。感受生命，觀賞大自然生態的樂趣，培養出尊重大自然的態度。

旅行也是我另一主要嗜好。當中當然包括風景攝影、見識各地風土人情、文化、歷史建築、博物館、壯麗大自然湖光山色及享受當地的美食。以下是我去過的地方，讀者可登入 https://happiness486.com/ 觀看我的旅遊文章。其中最多人觀看的文章是：名古屋上高地立山黑部六天自駕遊 2017

https://wp.me/p6OFG6-8s

6. 心（意識、思考）

閱讀

求知慾和知識慾是人類本能，人類天生具備各種感覺，會利用記憶產生各種經驗，發展技術與推理能力。

"I have no particular talent. I am merely inquisitive" By Einstein

（可參考 —— 我的嗜好 —— 寫作及閱讀 https://wp.me/p6ofg6-4p

寫作

寫作是人類有意識地使用文字來記錄知識及傳達資訊。寫作是與自己的靈魂交談。寫作是精神生活的方式之一。人有兩個自我，一個是內在的精神自我，另一個是外在的肉體自我。寫作的是內在精神自我的活動，外在自我會有種種經歷，其中有快樂也有痛苦、有順境也有逆境。透過寫作，可以把外在的自我的經歷不論快樂和痛苦都轉化成內在自我的財富。

有寫作習慣的人會更細緻品味、更認真地思考自己的外在經歷，彷彿在內心中把既有的生活重過一遍，從中發現豐富的意義並儲藏起來。寫作使人更敏銳也更清醒，對生活更投入，也更超脫，既貼近又保持距離。客觀寫下對自己的描述，模仿認知療法，把不愉快的事情寫下來，也是很有效的一種方法。因能用客觀的角度，冷靜地了解狀況及自己的情感，進而接受、寬恕他人及原諒自己，離開情感的漩渦，讓情緒悄悄淡化。我也從 2015 年開始寫文章放在 wordpress 與朋友分享（https://happiness486.com/）。

立山黑部

養寵物

可觀看我的文章：我的小狗 Candy

https://wp.me/p6ofg6-3x

（四）積極行動面對恐懼及新挑戰

積極行動面對恐懼及新挑戰，不逃避拖延，積極面對挑戰及苦難。先評估自己擁有的安全感指數，跟着用危機管理的方法，預早想出解決危機來臨的情況及想出預防的方法。萬一苦難或危機真的發生而失去安全感元素時，也不要受負面情緒影響，要用苦集滅道的方法找出原因，從失敗中學習，跌下來要站起來及向前走，向完美人生繼續邁進。

1. 決斷力

對於有太多選擇，我們可以運用決策挑選一個滿意的選項，而不是持續找更好的選項。心理學家稱這種人為「滿足者」，而不是凡事總想挑到最好才罷休的極大化者。人在多數情境下會接受夠好的選項，而不是執着於找到最佳選項。通常會讓人更滿意自己的選擇，而且一般來說這種人也比較快樂，壓力也少。

2. 堅毅、勤奮及有執行力

恆毅力是為了實現目標而努力不懈的動力，且遇到挫折時能夠繼續堅持，是個人與專業成就的關鍵之一。恆毅力分為兩個部分：熱情（passion）和毅力（perseverance）。熱情是指對於一件事情長期不變地投入，而毅力則是努力投入、受挫後再繼續努力。

3. 笑

笑的動作令人多吸入氧氣，按摩身體器官，幫助腸道蠕動及能抑制導致緊張壓力的腎上腺素，有助於降低血液中引起壓力的荷爾蒙濃度，讓人因此輕鬆紓緩，達到減壓的效果。

裝出笑容動作也有用，信號從面部肌肉發送至大腦，可令腦產生喜悅感及創造出快樂感覺。大笑會分泌腦內啡（endophin）讓情緒亢奮，增強免疫力，肌肉放鬆，並讓身體對痛楚的感覺變得遲鈍（止痛）。笑能治療癌症，減輕疼痛，紓解壓力，改善睡眠，心臟、肺部和消化功能也能有效提升。

4. 多體驗

多創造體驗難忘美好時刻，如品嚐好吃的東西及去陌生的地方旅遊觀光。旅遊到陌生地方，除了欣賞大自然湖光山色，城市芳容更可從歷史古蹟、建築、接觸當地人民或博物館，認識當地文化（民族服飾、生活習俗、宗教信仰、倫理、文字語言及藝術創作）滿足求知慾及增加了人生寶貴難忘體驗。過程中得到新奇刺激感受與經驗。

控制慾念與貪念

自制

遵守法律、小心審慎、不犯錯及不犯罪。控制金錢、物質、權力等慾念。

滅貪

貪是對慾念無盡要求。人的苦痛來自太多的追求與慾望，應戒除及自律。控制慾念。減少痛苦首要控制金錢財產、物質、精神刺激、肉體刺激（性慾、食慾）、權力慾及虛榮心名譽等慾念。知足常樂，過簡單生活。貪婪是無止境只會帶來短暫的快樂。擁有多有一件物件，腦裏增加了一些雜訊。它會消耗你的腦力，令到你的腦不可以休息，無閒欣賞大自然及活在當下。所以我們要**學識放下，選擇捨斷離。知足常樂。**

六慾包括精神刺激（酒、煙、毒品）、肉體刺激（性慾、嫖妓、通姦）、食慾、權力名譽慾、金錢物質慾及求知慾。

應對方法是知足常樂、感恩、珍惜自我、知止。子曰：「不義而富且貴，於我如浮雲」。慾望延後。用戒、勇氣、毅力、自制放下等適度控制慾念與貪念。

斷捨離（簡約）

斷捨離為沖道瑜伽創始人沖正弘倡導的瑜伽理念，於 1976 年提出，該理念在其弟子山下英子的努力普及到世界各地。即「斷絕不需要的東西；捨去多餘的事物；脫離對物品的執着」，由日本人山下英子提出，被選為 2010 年度日本的流行語。2000 年起，山下英子開始以「雜物管理諮詢師」（clutter consultant）的身份在各地開展活動。

擁有及累積的東西越少，腦中的雜訊就越少，讓腦有空間可思考更有用的事情。心靈就擁有了廣闊的空間和美好的寧靜。斷捨離是斷絕不需要的東西，捨去多餘的廢物，脫離對物品的執着，丟掉負面情緒，丟掉包袱。

對應情緒病

身心療法

病由心生。心理及身體互相關連，壓力會讓人產生焦躁不安的情緒，導致心臟機能和抵抗力降低，誘發心臟病、肥胖、糖尿病、血壓高、高膽固醇等症狀。由於嚴重負面情緒令到思覺失調產生情緒病，可用身心療法。身心療法包括靜坐、催眠、冥想、瑜伽、太極拳、禱告、音樂療法、芳香療法及認知行為治療等。

認知行為療法（Cognitive behavior therapy）

認知心理學是一門探索人們如何解讀所見、所聞、所感，從而了解人們的行為與想法是怎樣形成的科學。「認」是感官接受到刺激後進行編碼與辨識的能力，「知」是指透過個人過去的經歷進行解釋與反應選擇的能力。大腦在認與知的精巧連結下，產生思考與行動。認知能力包括感官、知覺、注意力、記憶、知識、語言等。

用正面思考把焦點放在希望解決的問題上，思考問題時對於掠過腦中的刻板印象（負面思想）要有所認識。了解自己這個時候的感覺，重新審視那些刻板印象是不是正面的。想像帶着正面思考採取行動時的感覺，建立行動計劃，最後開始行動。即苦集滅道。

一個人如果中了毒箭，不應考慮毒箭是由誰人射出來或射箭的原因而應該盡快將毒箭拔出。

音樂療法

聽音樂特別是古典音樂或製造音樂，能讓心跳變慢，血壓下降，增加腦內褪黑激素，令內心變得平靜，思考、學習和記憶能力提升。

芳香療法（Aromatherapy）

香味可以幫助人們記憶並喚起當下的心情與情緒，自古以來人們也常利用芳香療法來達到紓緩壓力與增進健康的功效。

芳香療法起源於古埃及，近代盛行於歐洲，是一種不被主流醫學承認的另類醫學。芳香療法（Aromatherapy），簡稱芳療，是指藉由芳香植物提煉出的精油（essential oil）做為媒介，並以按摩、泡澡、薰香等方式經由呼吸道或皮膚吸收進入體內，改變人的情緒和認知，達到紓緩精神壓力與增進心理健康效用的一種自然療法。芳香療法來自「香氣」香味和「療法」治療。法國調香師兼化學家 Rene-Maurice Gattefosse 於 1937 年創作了一個名為「aromatherapie」的詞語。Gattefosse 創造這個術語的目的是為了區分精油的藥用和香水應用。

從佛法觀點看如何控制負面情緒及貪婪

佛法是釋迦牟尼 29 歲出家苦行 6 年，在菩提樹下（今比哈爾邦內伽耶地方）冥想，禪定生慈，頓悟出苦的由來及滅苦之方法，看透生命和宇宙的真相。用戒、定、慧三學及依八正道進行修煉，轉貪嗔癡為慈悲喜捨，達到涅槃（自由、和平、寧靜、快樂）。

苦（不如意）是佛陀對人生宇宙的看法。知道無常，所以要珍惜。空是因緣。佛重視人人平等，萬物一體及慈悲憐憫。人生各種苦難有生老病死、愛別離、求不得、怨憎會（愈是與自己相怨恨和憎惡的人，愈是要常常碰面甚至是長相廝守）、五蘊盛苦（色受想行識活動過盛，不斷尋求刺激，永遠不得滿足）、無明及貪嗔癡（執着自我所擁有的一切，對不喜歡看不過眼的人和事，產生排斥心），貪着順境而排斥逆境。在逆境中心生怨尤，蒙閉思維，看不清，作決定欠理智，變得愚癡等都是苦的根源。

苦也是由變易而生。因為世間的萬物都是變化不定的，這叫做無常。生活中快樂的感覺和快樂的境遇是不永恆的，遲早要改變的。它改變的時候，就產生了痛苦，苦惱及不快樂。

苦又可由因緣和合（條件具備，自然法）而生起的苦。世間萬法都是依因緣而生，依因緣而存在。世上沒有不依靠其他事物而獨立存在的東西（緣起性空），任何事物都是因緣合和而成；沒有甚麼東西能夠不受其他事物的影響，也沒有甚麼東西能夠不影響任何其他事物；任何事物都有前因，也有後果（十二因緣），而這種因果關係構成了一個無始無終的鏈條。且依因緣而生之一切，也隨着現象的生起，而損耗其賴之生起的因緣，是故世間一切皆無法恆常。美好的事不會長久，它的消失便帶來痛苦。由於無常，執着及起貪着會造成身心的熾燃大苦，因此說無常故苦。

滅苦之方法是修行，用戒、定、慧三學，學會不執着及正向思想，用四聖諦確認苦的存在，不要自責責人。分析找出問題根源（集），訂立解決目標方案（滅），制定方案並執行及檢討解決問題的方法（道）。佛教認為世上沒有無因之果，也沒有無果之因。找出明白苦困的因由，不

怨天，不尤人。專心解決問題，增加經驗從而精進人生。

戒是控制慾念情緒。不貪着。戒殺、盜、淫、妄、酒。用八正道（正見—正確見解，多角度觀看。正思—正確意志思想。正語—善良的口業。正業—積極行善，正當行為。正命—正確生活方法。正勤—精進，向正確目標努力。正念—無歪念，不害人。正定—靜坐集中意志精神）修正自己行為。

定是禪定（坐禪冥想）。禪定而生慧，禪定增強覺知與正念，滋養心靈，產生慈悲心。

無明是對事物（幻象）缺乏正確認知及醒悟覺察能力，產生了行為意慾。禪定生慧。明白緣起性空，因緣和合（易學、無常），做人便不會執着（四大皆空）。知道宇宙真相，大自然法則（道），因緣和合而生，因緣散盡而滅。世界上所有事情，現象都不會突然發生，任何事物發生必須有一個前因和適當的環境條件配合（助緣），會成為下一個果的因（會變）。

明白萬物一體（一合相），當我們受到傷害，我們不尋求報復，就像舌頭不會向咬到它的牙齒報復一樣，就會傾向原諒及包容，令世界和平。相信眾生平等（捨）及互相影響（十二因緣），互相依靠（無我），相信中道就是自然。

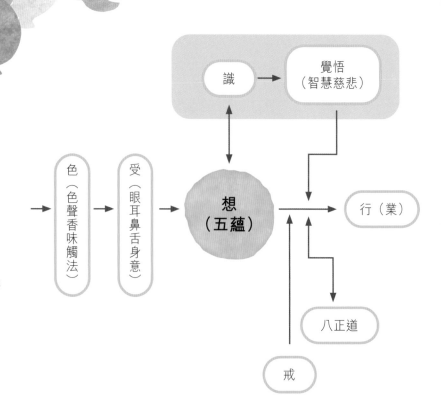

應用在人生上，知人生命有限，珍惜當下，常保清靜平和心境，建做自己信念及價值觀，應對人生不同階段的選擇。

佛學認為人生是苦，我們要積極面對逆境苦難，遇到逆境，不怨天不尤人，知命並集中認識問題及尋找解決方法，不追求完美，並從錯誤及逆境中學得經驗，用來應付下一個逆境。固可較快從痛苦回復過來。老子曰：「禍兮，福之所倚，福兮，禍之所伏」塞翁失馬，焉知非福（flipside 對立面），要能原諒寬恕自己的錯誤，做自己最好朋友及嘗試自娛獨處。

在逆境中，能有寧靜的心境去接受那些不能改變的事情，並有勇氣去改變能夠改變的，並用智慧去分辨兩者的不同。

逆境產生負面情緒，同樣面對負面情緒，不要逃避，先了解負面情緒及其原因，再抒發和化解負面情緒，最後採取適當行動。至親離世是很大的悲傷，但不可預料，**我們要懂得珍惜眼前人，珍惜現有相處相聚的每刻，不要浪費光陰於無謂爭吵指責。要珍惜眼前一切，當失去了也不會痛苦遺憾。**

相信因果，現象世界是由無數不斷變化的因和緣聚集而生，一切都有關係，沒有一樣事情是獨立自存的，沒有一樣事情能免於因果的力量。

佛陀初成道曾說：「奇哉，奇哉！一切眾生，皆有如來智慧德相（善良），但因妄想（無明）執着而不證得。」破迷開悟，離苦得樂──貪嗔癡障蔽自性，產生痛苦。以戒定慧消除貪嗔癡，要無所住而行布施，學習擴大我們的心量，徹悟事物的真相，人生的痛苦自然得以消除。通過覺悟、戒、定、慧解除痛苦，用自觀、正念及活在當下來善待自己靈魂，讓心境寧靜。用平常心面對一切。平和滿足（涅槃寂靜）才能產生慈悲心及精進心，達到快樂人生。

痛苦來自慾望，要從痛苦中解脫，就要放下慾望，而要放下慾望，就必須訓練心智智慧，體驗事物的本質，戒除邪淫，偷盜行為，撲滅追求權力、財富、感官享受的慾望，達到圓滿寂靜的境界。

認知障礙症
（老人失智及癡呆）

認知障礙症是因為大腦皮層神經細胞病變而引致大腦功能衰退的疾病。香港在 2012 年便將老人癡呆症改名為認知障礙症。患者的認知能力包括記憶、理解、計算、語言運作、學習、專注、集中、思考和判斷力都會受影響，部分還會有情緒行為及感覺等方面的變化和障礙，干擾日常生活，影響自我照顧能力而不能獨立生活。

認知障礙症的診斷　https://wp.me/p6ofg6-h9

🍃 鍛煉大腦的六種有效方法

科學家發現大腦像肌肉一樣可以透過訓練來改變。當大腦接受新的刺激訊號便會增加神經元的分支（樹突），加強與其他神經元的連結。越用腦，大腦神經元間的連結越會增加。要激活腦神經細胞必須學習及接受新事物，因為學習有助增強腦內連結，形成更大更複雜的神經網絡。以下是六種鍛煉大腦的方法：

1. **運動皮層（motor cortex）**：每天抽一些時間，鍛煉一些新的身體動作，例如瑜伽、太極或任何運動動作，重點是每天練習不同的新動作，讓大腦不斷接受新的刺激，可令負責記憶和學習的海馬體新

神經元增加。

2. 味覺皮層（taste cortex）：品嚐不同美食，同時仔細分辨各種味道。

3. 前額葉皮層（prefrontal cortex）：它負責認知功能。刺激前額葉皮層最簡單方法就是有意識地呼吸。

4. 視覺皮層（visual cortex）：人腦大部分資訊都來自視覺，強化視覺處理效能是提升思維的最佳方法。閱讀、觀看電視、電影、欣賞藝術品及欣賞大自然風景都可以提高大腦功能。

5. 聽覺皮層（auditory cortex）：音樂可以紓緩焦慮與緊張的情緒，降低壓力，讓人進入一個完全放鬆的狀態。

6. 嗅覺皮層（olfactory cortex）：嗅覺皮層與負責情緒及記憶的杏仁核及海馬體有直接連繫，所以嗅覺最能引發記憶與情緒。主動用鼻吸入食物或飲品的氣味三次。

治療

懷緬治療

懷緬治療（懷舊療法）幫助患者透過回憶、討論及分享，將過去發生的生活經驗重新整合和組織，使它在回憶中變得更加完整，可以減少苦悶，肯定自我，提升長者的自尊心、自信心，減輕憂鬱情緒，增加長者與他人的溝通和增進友誼。

感官刺激治療

感官刺激治療是用不同的感官刺激物如電視、美食等來增加老人家對聽覺、視覺、觸覺、嗅覺、味覺及動作的刺激，維持老年人腦部的敏感和警覺性，促進他們與外界環境的互動。

音樂治療

運用音樂的特性如音調、速度、節奏和音量的組合,使病人得到減輕焦慮及憂鬱的情緒,改善心靈的和諧。醫療方法可分為主動及被動性,主動是長者唱歌或演奏以達到自我表現的方式,而被動性是聆聽音樂,收到刺激感官的效果。

寵物療法

透過與觸摸寵物、帶寵物散步或與寵物談話這些互動,令老年人感到有安全及維持獨立自主的能力。寵物可成為長者生活中的陪伴及慰藉。

手工藝製作

手工藝製作可激發老年人的創造力及想像力,同時訓練手指的小肌肉動作和關節活動力,有助表達情緒及想法,增加自我成就感和自信心。

娛樂活動

娛樂活動例如下棋、打麻雀、草地滾球等可引導老年人之間的互動,增加生活情趣,刺激老年人的智力和體能,並能從活動中得到自信心及成就感。

隨着年紀增長,大腦機能會衰退老化,如果能夠為腦袋做優化鍛煉,積極地參與你不熟悉的領域,學些新東西,讓大腦神經細胞不斷產生新連結,鍛煉越多,大腦越靈敏。

香港人 65 歲以上的長者，100 人便約有 5 至 8 人患有老人癡呆症（認知障礙症）。80 歲以上更有近兩成至三成的人患上不同程度的認知障礙症。長者隨着年紀增長，他們開始對害怕自己患上認知障礙症，我也有這個恐懼，但我更加害怕我的配偶患上認知障礙症。婚姻是契約，配偶承諾會一生一世關懷照顧對方，所以我很明白照顧者比患者相對地要面對更大的壓力。所以我開始鼓勵她一齊去學唱歌、學瑜伽、學太極，並陪她一齊練習她喜歡的羽毛球（我比較喜歡乒乓球）。只要對這個病有更深的認識，努力維持健康的身體和健康的心理狀況，便不用焦慮害怕，就算自己或親友不幸患認知障礙症病亦都可以從容地應對。

麻雀　https://wp.me/p6OFG6-Ow

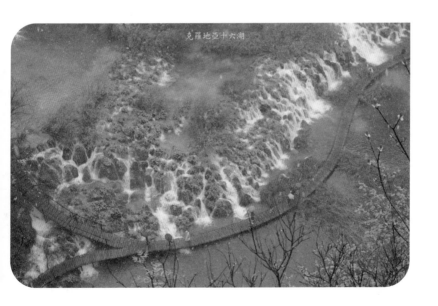

克羅地亞十六湖

退休

尼爾帕斯瑞查（Neil Pasricha）著《快樂是可以練習的》這本書裏提到，人生只有三大目標：一無所求，這就是知足；隨心所欲，這就是自由；一切圓滿，這就是快樂。要達到這樣的境界，其中一個秘技便是永不退休。

其實退休這個概念只產生了 130 多年，退休制度是 1889 年德國俾斯麥首相為了將工作機會釋放給年輕人而發明退休制度。當時平均壽命是 67 歲，俾斯麥最後做出 65 歲退休的世界標準。退休對大部分人來說都是一個心理壓力，其實腦袋需要鍛煉，不然一定會萎縮，每天工作及不斷學習，以工作保持社會參與會帶給人幸福的感覺。

被迫退休的應對

退休對大部分人來說都是一個心理壓力。負面是失去了社會地位及權力，覺得無用，無價值，被社會遺忘。

退休前，每天有八小時睡眠、八小時工作及八小時空閒。退休後有十六小時空閒。太多空閒而百無聊賴，等食，等睡，等死。無聊是人處於閒置狀態缺乏興趣而覺得乏味坐立不安；因此感到壓力。

適應退休生活可積極參與社區活動、終身學習新事物。在前半生職業生涯中盡早發展能夠紓壓的副業，可以在我們人生後半段或退休時派上用場，作為鍛煉腦力的最後職業，變相地永不退休。**一份令人滿意的工作**

所產生的自由感受，絕對勝過空虛中的折磨與苦楚。

每個人至少需要 20 種不同的嗜好，日子才會充實精采。20 種嗜好之中最好是 10 種室內及 10 種戶外。戶外嗜好中，5 種可以獨樂及 5 種可與朋友共樂。

有好奇心，有求知慾，能夠用心專注地仔細觀察，就會覺察看出萬物蘊藏的特質，自覺生活平凡，接觸到的事件物體如花草樹木、教堂廟宇等都是千篇一律，可能只是我們太粗心大意。未能發掘其中的情趣。開始追求生活情趣，加強五個感覺器官的覺知及增長知識，可以研究柴米油鹽醬醋茶酒，培養藝術鑑賞及學習新事物如琴棋書畫詩歌花等。（可參考 P.127 的〈嗜好〉）

 ## 如果可以選擇不退休

由於我是私家醫生，所以沒有退休年紀限制。我的信念是應該保留 60 歲至 80 歲人生黃金二十年好好享受人生。選擇 60 歲退休是因為好多中學甚至大學的同學都已經退休，另外醫生的工作壓力十分大，個人的疏忽可以令病人身心受苦甚至死亡，所以良心的責備是十分難受。我自己亦都試過因為疏忽睇漏了 X 光片裏面的肺癌陰影，幸好被主診醫生及早發覺，未有造成病人傷害；但自己因而受到良心的譴責，憂鬱了一段時間，最終憑着智慧思考及勇氣面對自己的錯誤，然後研究如何防止錯誤的再發生，加上覺得自己的寶貴經驗對病人有幫助及對社會有貢獻，所以結果放棄提早退休的念頭。

有一次早上起來突然間頭暈，結果嘔了十多次，但因為公司已經約滿了病人來做檢查而臨時找不到替工，結果被逼乘的士返回公司繼續工作。

當時感受到人生無常，所以又萌生退休的念頭。我求知慾強，喜歡嘗試新事物，所以退休後自己應該不會覺得無聊，退休對於我壓力不大。後來經過思考懂得如何面對壓力及減壓，另外閱讀書本亦都提醒我工作可以帶來很多樂趣。如果有得選擇，最好不要退休。工作的好處除了有金錢回報及工作上的滿足感外，每天由返工至放工的八至十小時裏面，其實已不停地接獲好多小確幸（能留心和發掘生活片段內的喜悅而將之捕捉），例如返工途中接觸到的陽光，路邊的野花及與朋友午餐聚會等等，但工作、睡眠與休閒要有平衡，懂得面對工作壓力及擁抱失敗。所以我暫時將煩惱的退休問題放下，每天享受工作帶來的樂趣，利用幫病人做超聲波檢查時灌輸一些有用的醫學知識給他們，不停布施，享受心靈的滿足。

我的分享

如何面對工作壓力

因害怕不能完成手頭上的工作或因自己的疏忽導至工作失敗，是在職人士最大的心理壓力。而醫生最大的工作壓力是因過失而被病人投訴並要上法庭或接受醫委會聆訊。

X光診斷科醫生這個行業裏面，大家都普遍覺得大壓力及缺乏了專業上的安全感，因如果寫胸肺X光片報告時，睇漏了病人的肺癌影像，延誤了病人治療的時間，令到病人有損失，病人會要求賠償兼要去醫務委員會投訴醫生專業失德。作為一個資深X光診斷科醫生，今時今日我間中依然會睇漏了一些影像而令到報告出錯，至於其他小錯誤如左右調轉及文書上的錯誤更是常見。其實失誤無時無刻都會發生。但從病人的角度，他們以為一個合資格的醫生是不應該犯錯，無論你有幾多經驗，你的疏忽而令他有損失是當然不可原諒。行內醫生都知道自己沒有被投訴，其實是好彩或自己行醫時間短，才未遇上出錯的機會。根據 Murphy's Law，遲早都會發生在自己身上。沒有被病人投訴，也不是自己是神醫，主要是與介紹病人來的主診醫生關係良好及自己與病人的關係良好，部分病人肯寬容我的過失。

我應對這個很大的心理壓力，我會想像當我收到律師信，我會用苦集滅道方法，先控制自己的負面情緒，不會怨天尤人，專注看清楚問題及想方法解決，更加不會想逃避責任而做出不法行為，如：更改報告，也不會推卸責任，願意接受懲罰及想

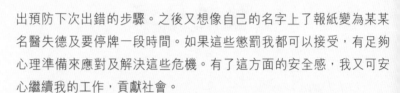

出預防下次出錯的步驟。之後又想像自己的名字上了報紙變為某某名醫失德及要停牌一段時間。如果這些懲罰我都可以接受，有足夠心理準備來應對及解決這些危機。有了這方面的安全感，我又可安心繼續我的工作，貢獻社會。

我更進一步要超越、要預防這些錯誤的發生。所以我公司便參加了國際品質管理標準 ISO 9001 的每年審核及參考五常法，希望減少自己及員工的人為錯誤。並參加專業進修，與時並進，加強自己專業知識。工作時要增加自己的專注力，對待所有病人都覺得他們是自己的至親，視病猶親。當做超聲波檢查接觸病人時，我會盡量與病人溝通，順便灌輸一些有用的保健知識，例如：如何減肥、脂肪肝的原因及醫療方案；如何應對失眠及預防乳癌的方法等。又會用多一些時間，主動幫病人檢查其他部位，如病人陰囊不舒服，我們會主動檢查他們的腎臟，因為尿道結石亦會令陰囊痛，上腹不舒服我都會順便檢查胰臟及下腹。下腹不舒服我也會在認為有可疑時而主動檢查上腹。有時亦都因為緣分的問題，當病人例行超聲波腹部檢查時我更幫病人檢查頸部，間中我會幫他們及早發覺有初期甲狀腺癌。

所以將來萬一接到投訴信，我覺得自己已盡力，不會太怪責自己，唯有接受這個 Murphy's Law 的定律。最緊要是能從錯誤中汲取經驗並再站起來。所以為了防止錯誤，我寫完報告後會再重新觀看那些 X 光照片一次，而我寫的報告也會由高級 X 光技師重溫一次才正式送給介紹醫生。自己的錯誤亦都用練習簿記下來，提醒自己下次不要再犯錯。雖然這樣自己還是久不久也犯錯，其實都幾令人沮喪；所以我又用另外一個練習簿，記錄一些因為我的細心及專業知識而令到病人能及早獲得治療的個案，又收藏病人發給我的感謝信。久不久看看病人的感謝信，可以滋養及治療自己受傷的靈性。平時

我也會用打坐冥想增強自己的專注力。我又成立了 WhatsApp X 光診斷研習群組，讓一批相熟的診斷科醫生可以在這個平台上一齊分享醫學上的知識及錯誤的經驗。一人犯錯，多人受益。

除了以上直接處理壓力外，我亦都用運動、睡眠、嗜好、遊戲、休閒獨處、冥想（meditation）、覺察力（mindfulness）等紓緩心理壓力。

▎ 我如何減壓 ▎

早上 6 時起床，先做 15 分鐘自創的伸展運動。它包括了站樁、氣功、太極、八段錦等動作，再做 5 分鐘瑜伽及冥想。吃完早餐看完新聞便乘車返工。先在金鐘或旺角嘆半小時咖啡、多士及看三份報紙。8:30 才正式開工。寫報告前，先播放預早錄下的 100 多首心愛的歌曲作為背景音樂。寫六份 X 光 / 超聲波報告或兩份電腦掃描報告需要 15 分鐘。於 10:30 分休息一會及吃一隻香蕉。枱前亦都準備兩杯水及一杯茶。下午 1 時放工吃午餐。

星期一會去打乒乓波或與老友吃午飯。星期二會到哥爾夫球練習場練習。星期三下午不用開工，可以去探母親，看電影或去圖書館。間中會留在公司觀看用 45 吋 4K 電視及 7.1.2 環迴音響擴音機播映的 4K 電影。一個月都有一次星期三下午去粉嶺打哥爾夫球。星期四中午是與攝影會會員聚餐。星期五會傾向自己單獨午膳享受個人空間，但有時亦會約朋友或客戶吃午飯。星期六下午節目和星期三差不多。

午飯後回公司小睡 20 至 30 分鐘，睡醒後真是精神百倍。公司於晚上 6:30 收工。到時我會吃一個橙或西柚及觀看幾段 Youtube 精選電影精華作為小休息。再工作至 7:20 便準時放工。回家前，間中也會在港鐵站內買甜品如砵仔糕或老婆餅來獎勵自己。

回家與小狗 Candy 散步，晚飯後會看報紙及浸溫泉。一星期有兩晚會浸溫泉及游水。睡覺前會寫作、看書或與家人一齊觀看 Netflix 電影。每晚盡量 11:30 前睡覺。

間中亦會安排星期三晚舉辦關於佛法、陶藝、唱歌、古董欣賞或夏威夷結他等的興趣班或講座。星期五也會間中獨自去大會堂聽古典音樂演奏。

週末當然是家庭日，除了和家人吃飯，也會有以下的消閒活動包括帶 Candy 上山頂行山、去會所鍛煉身體、游泳、在家看書、聽音樂及寫作等。

以上這些都是我的減壓方法，以應付每天沉重的工作壓力，取得一個工作與休息消閒生活的平衡。

總結

總結來說，我們因害怕失去安全感而產生憂慮。要增加安全感，正確應對方法是不要逃避，要認識面對問題，找出解決方法，從失敗中獲得經驗，利用危機管理，預測逆境發生後如何面對，及找出預防危機的方法，有毅力執行這些方法。人生不如意者十其八九，遇到苦難而能盡快縮短痛苦的時間，回復平常心。這已經是一個十分難得的修行及智慧，而嗜好、運動、睡眠、遊戲、休閒獨處、冥想（meditation）、覺察力（mindfulness）等都能促進心理健康。能直接面對壓力，改變心態，利用嗜好紓緩壓力，控制慾念貪婪，內心覺得滿足即安全感足夠，心情平靜，沒有壓力，自我感覺良好、自在，事情在掌控之中、心無罣礙（心安）。幸福便唾手可得。下一章會講如何獲得靈性健康及成長。

第 4 章

如何獲得靈性健康及成長

靈性是高層次的意識，

是腦裏面自己的聲音，是良知。

靈性

人類是萬物之靈，因為人腦進化，人類開始思考，有自我的意識，這種高層次的意識令到我們可以開始思考我是誰、我從哪裏來、人生的意義、死亡及宗教等哲學問題，從而獲得智慧及慈悲心，可以用言語溝通幫助我們積累智慧與經驗，懂得欣賞藝術及有創造力。有了自我意識，我們便開始有良知，可以判斷自己思想及行為的對與錯，由此而產生對情緒的騷擾，隨着培養美德才能滿足靈性的需求，最終獲得心境和諧寧靜。

休姆《人性論》：**想靈魂無紛擾，唯一方法就是用美德去佔據它。**

人的結構有三層面，由身（肉體）、心（知、情、意。又分潛意識及顯意識）及靈（靈性—從良知道德出發達到）組成。靈是高層次的意識。

人類和其他動物的分別主要是人腦進化擁有新皮質。新皮質（neocortex）是哺乳類動物大腦的一部分，在腦半球頂層，大約2-4毫米厚，分為六層，為大腦皮質的一部分。擁有一些高等功能如覺察、空間推理、意識及語言，並執掌藝術創作及高層次意識（良知）等心理活動。

靈性（spirit mind）是人類DNA傳下來的良知（善）。如果一個人做了不該做的事，或是該做而沒有做的事，便會出現不安和不忍的反應。

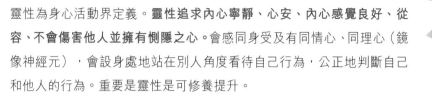

靈性為身心活動界定義。**靈性追求內心寧靜、心安、內心感覺良好、從容、不會傷害他人並擁有惻隱之心。**會感同身受及有同情心、同理心（鏡像神經元），會設身處地站在別人角度看待自己行為，公正地判斷自己和他人的行為。重要是靈性是可修養提升。

靈性圓滿成長是當我們的高層意識覺得自己是一個善良的人，有高尚的品格，自己接近聖人的要求，可以愛己愛他人，充滿慈悲心，自我反省，有智慧不起煩惱，助己助人，知足，自己幸福感滿足，開始幫助他人獲得幸福，而今天的智慧比昨天有增長了，每天成長，每天都有精進。

要靈性成長，每天要在知識、智慧、品德、體驗、慈悲、藝術（美）欣賞、感恩、樂觀、對未來有憧憬及抱有希望、幽默、有熱枕、寬恕、信仰等各方面都要有精進便是。

佛洛伊德認為人的精神思考（意識）有三種層次：

1. 超我
2. 自我
3. 本我

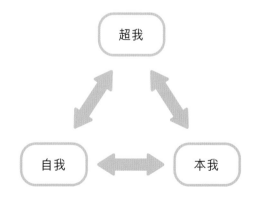

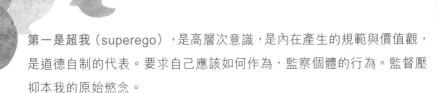

第一是超我（superego），是高層次意識，是內在產生的規範與價值觀，是道德自制的代表。要求自己應該如何作為，監察個體的行為。監督壓抑本我的原始慾念。

第二是自我（ego），自我是顯意識的部分，是理性、清醒、審慎的部分。根據真實世界用意志想辦法滿足本我。

第三是本我（Id），本我由潛意識控制，本我追求快樂、滿足本能（飢餓、安全）及躲避痛苦。是原始慾念的儲存所、深藏着個人被壓抑的經驗和不被滿足的慾望，載滿着對性和暴力的衝動，像一個未經教化的小孩，為所欲為。

因文明社會不容許充滿情慾性及強烈暴力衝動的行為，因此本我必須被超我及自我壓抑，原始慾念便被壓抑到潛意識的深處。當自我的約制力薄弱的時候，潛意識本我便會悄悄地宣洩出來。例如在夢境中，潛意識會經過偽裝的形式出現。

人類與動物的分別是人類從進化中發展出高層次的意識（靈）。它是我們腦裏面的聲音和思想，所以我們會知道它存在。最近一次同一班醫學同學飯聚，我和他們說最近腦裏面常常有聲音和我自己說話，他們說我有精神分裂，哈哈！它是我們的良心和良知。

良知是指自覺尊重主流道德規範的心理意識，不追隨會令到個人有罪惡感。良知就是你還能分清善和惡，懂得去把握那些事情該做，那些事情不該做。良知表現在以下的兩個情況：

第一是當在一個不影響你自己的健康、財產或名譽下而不幫助他人（不

損己而不利他）；第二是為了自己的好處而傷害他人的身體財產或名譽（損人利己），做了以上的情況通常都會令到個人有罪惡感（知恥），這便是良知。這就是俗語説「人無廉恥，無法可治」。

因為在我們一生中所有的抉擇，都是由它領導和主宰。如果我們有智慧知道平時思考自己的人生觀及價值觀，便可以在人生的一切選擇作出更快及正確的抉擇。人的靈性是向善，任何人見到一個活潑可愛的 BB 將會跌落水井，是一定會毫不考慮衝前拯救他。智慧之道，人不可以獨立生存，幫助他人即是幫助自己，智慧主導我們作出利人利己或利他的抉擇及行為（慈）。當靈性漸漸成長，智慧增進，覺得自己安全感足夠便能感同身受（悲），有同理心，繼而會選擇損己利他的行為（犧牲）。

惡是壞的行為，跟「善」或「好」相反的行為。是為提升或維持自身利益而侵害他人的正當權益。傷害他人的財富、健康、自由或心靈。有健康的靈性不會做出損人利己及損人損己的行為。

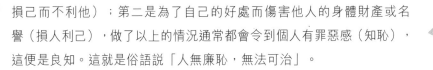 如何增長靈性

1. 先要認識自我（我是誰？），要滿足自我，一定要自愛，自己尊重、關懷、信任自己，對自己好，讓自己可以隨心所欲而不踰矩，原諒自己，寬恕自己，做自己最好的朋友，給自己多些體驗，愛惜自己的身體，所以會願意戒除陋習，保養好自己的身體，令自己覺得幸福快樂。靈性（自我）需要獲得他人尊重，所以我們會培養良好的品德（virtues），朝聖人的目標邁進。靈性亦都是我們的良知，所以我們要為善，有慈悲心，有同理心及幫助他人，令他人快樂幸福。更加不會加害他人，令他人受苦，所以我會遵守道德、倫理及會守法，獨處的時候亦不會作惡，盡量控制邪念。

2. 思考我是誰？我從哪裏來？人生的意義、死亡及宗教等哲學問題，並建立個人信仰及對人生觀、價值觀及世界觀的信念。

思考死亡及從思考死亡得到的智慧

《論語》〈先進篇〉— 季路問死，子曰：「未知生，焉知死」。人生有許多事情等待解決，如果對我們可以掌握的人生，我們都不能好好的過、好好的掌握、去運用、去令自己完善化，為甚麼要虛耗精神探索未知的死亡世界呢？但我偏向贊成基督教神學家田立克所說：「未知死，焉知生」。**只要學會死亡，就學會如何生活。**

思考死亡才會珍惜每一刻，活在當下，珍惜生命的每一天，不再執着。用最後一天的心情去選擇下一步，就避免掉入畏懼失去的陷阱，活得更精彩。

要認知死亡是無可避免的，是好自然的一種現象。生命因為不是永恆反而令它變得十分寶貴。思考死亡第一件事我會想到死後的世界。一次同牧師午餐，他告訴我天堂是金雕玉砌，美輪美奐，環境安全寧靜及和諧。人會覺得心境平靜、寬心和喜悅。各人都無身份分別，可以和上帝一起唱聖詩。在天堂中亦可以與已離世的親人相遇，在天堂裏面人人平等，互相變為朋友同輩關係。從以上對於天堂的描寫，給我們帶來很大的啟發。**死後有沒有天堂無人可以證實，但我即時聯想到當下如果可以調整自己的心態，令內心寧靜喜悅而附近的環境和諧安全，便可即時活在天堂中。**但我不想等到死後才享受，即時將天堂帶到當下。所以我開始調整修練自己的心態，培養寬容、不計較、放下、不執着、平常心及與人為善等美德，盡量令當下每一個時刻自己都能感受在天堂裏的心境。

我又意識到死亡無可避免，但沒有人知道死亡何時降臨，所以每天起身便十分感恩，因為又有新的一天給我體驗。所以每天的光陰我都會很珍惜，不會花費時間於負面感情及與家人爭執。只會珍惜每一個與家人相聚的時刻，朋友的聚會亦都是一期一會，要好好珍惜。

亦會思考臨死前，想到有無甚麼遺憾，或未完的願望和未解決的心結。有的話便該即時行動，做想做的事情，向於我們有恩的人說多謝，又要對被我們傷害的人道歉，補償自己的過失。

以下是死前會後悔的事情

1. 沒有去做自己想做的事，過自己真正想要的生活，而不是別人希望我過的生活。

2. 沒有實現夢想

3. 沒有吃想吃的東西

4. 沒有去想去的地方旅遊

5. 沒有能見到想見的人

6. 沒有留下自己活過的證據

7. 沒有對所愛的人說謝謝

8. 花太多精力在工作上而沒有重視健康

9. 沒有計劃自己的葬禮

10. 沒有立遺囑

老人多因身體器官衰弱，最後肺炎或心臟衰竭而死亡。但現今因醫學昌明，如果病人無預先寫下預設醫療指示或家人無共識，病人可能要經歷長時間無質素甚至痛苦體驗才去世。所以我們要為自己的死亡作準備。

如果知道自己得的病是目前醫學無法醫治，可預設醫療指示（http:// www.ha.org.hk/haho/ho/psrm/CEC-GE-1_appendix1_b5.pdf），例如一開始或中途拒絕那些只將死期延長的治療（人工心肺、抗生素等），只適當地用止痛藥，自然地迎接死亡。

臨終關懷服務可幫助臨終病人如末期癌症病人，在走到人生終點前活得更充實，居家關懷隊可幫病人在家中接受緩和疼痛及控制症狀，提升生命及生活的質素。臨終關懷服務的義工有以下人格特質，包括是好傾聽者、有同理心、能保密、無偏見、有朝氣活力及懂得生活。

為死亡做準備，定立平安三寶。**第一寶：持久授權書**（Enduring Power of Attorney EPA）。**第二寶：平安紙（遺囑）**（Will）。**第三寶：預設醫療指示**（Advance Directive in relation in Medical treatment AD）。（可參考 wordpress 靈性健康 https://wp.me/p6OFG6-IS）決定死後安排及登記器官捐贈（http://www.organdonation.gov.hk）幫助他人減少痛苦。

我又分享我如何處理至親死亡。人最悲傷是至親死亡，**和瀕死者一樣會經過五個階段心境演變。最先會否認、混亂，跟着憤怒，深覺不公平、敵意和懷恨、有罪惡感、幻覺和空想、孤獨感和憂鬱、精神混亂和凡事不關心，跟着是討價還價，繼而絕望、沮喪，到最後接受，破悲傷而重新站起來。**因我常想像至親會突然死亡，所以我好珍惜同家人相處的光陰，不會掩飾對他們的愛。傾聽他們想完成的願望與未解決的心結，並鼓勵他們定立遺囑，預設醫療指示及希望的死後安排。

當我們思考出死亡的意義和實相，我們便不會怕死亡並可勇敢地迎接死亡。

思考如果我尚有幾個月命，我會如何面對或者想做甚麼 Bucket list，我會制訂及進行 10 至 20 個死前的人生計劃，令自己不會遺憾。

死前計劃

1. 體驗：去想去的地方旅行品嚐美食
2. 學習：琴棋書畫詩歌花
3. 創造：寫幸福札記、自傳等
4. 自我發展：出書及舉辦個人影展

🌿 思考死亡後有無天堂、地獄、輪迴（宗教）

人要思考死亡及死亡後的世界，其實暫時無人可證實死後天堂、地獄或靈魂的存在。我相信死後沒有天堂、地獄或靈魂的存在。死亡是肉體及心靈的完結。肉體死亡，心智（意識）活動也停頓。人死如燈滅。我相信死亡像熟睡後無夢可發，也不再醒過來，肉身和心靈（意識）滅亡。

人也渴求永生。個人藝術創作如製作陶瓷、書寫，以及子女承受父母的遺傳因子等都可滿足這個渴求。又會思考臨死前，我會想到有無甚麼遺憾、或未完成的願望、未解決的心結？有的話便該即時行動，做想做的事情，向於我有恩的人説多謝，又要對被我傷害的人道歉，補償自己的過失。

人會思考死亡並知道死亡無可避免，生命長度不可預知，但人類壽命最多約 120 歲，每人必會死亡。生死是一個自然現象，因恐懼痛苦、孤獨、失去尊嚴、造成家人負擔及恐怕會失去一切，尤其是生命中的美好

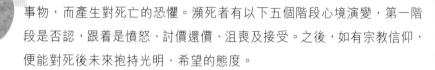

事物，而產生對死亡的恐懼。瀕死者有以下五個階段心境演變，第一階段是否認，跟着是憤怒、討價還價、沮喪及接受。之後，如有宗教信仰，便能對死後未來抱持光明、希望的態度。

我不信有鬼，並認為逝去的親人是不知道後人是否有去拜山，但我會珍惜與在生親友相敍的每一刻。又因**人必死亡及人生長短難測，所以學識活在當下，保持自己平常心面對苦難挫折，使人生活得更積極及有意義**。人也渴求永生。個人藝術創作、書寫，以及子女承受父母的遺傳因子等都可滿足這個渴求。所以能思考死亡及接受死亡是不可避免，那就能改變人生觀，懂得珍惜一切而能過豐盛人生及能好好地活下去。

我們又要為死亡作出準備。臨近死亡時，意念集中於開心往事或成就，保持心境喜悅，如有信仰，可唸南無阿彌陀佛、心經或聖母經等令心神集中，想像見一白光通道，沿着通道進入心中的天堂、樂土或涅盤。是不是真的有天堂或地獄無人確知，但身邊後人會察覺到死者面容安詳放鬆，不會面目猙獰，死不閉目。這樣也可令後人釋懷。

宗教

信仰（Faith）是對一位人，一個物，一件事，或者是一種概念的堅信不疑。在宗教的概念上，可以把信仰分為信心和信任兩種。信仰宗教的人常常以信仰為他們的信心，將信仰看作是不證自明的，而其他對信仰有懷疑的和不承認神靈存在的，傾向於認為信仰是一種沒有證據的信條。

信念是人對於自身之人生觀、價值觀和世界觀等的選擇與持有。宗教是關乎人類的來源及人類死後世界的信仰。宗教方面，摩西是猶太教的始創人，耶穌是基督教的始創人，他們的教義是宣揚愛。釋迦牟尼教我們離苦得樂的方法，孔子教導我們做人處世的道理，老子教我們要順應自然。他們都是聖人，是我們靈性成長的最終目標。《易經》告訴我們，所有的東西都是不斷在變化之中，並提醒我們居安思危，教我們如何應對人生有六十四種處境。依時勢位，指引人生的方向。掌握人生的大原則，即樂天知命。忍受接受不能改變的各種既定條件，得到心靈上的安頓。

宗教是一種對看不見的秩序的信仰，而宗教生活是我們最高的良善與這信仰存在和諧地調節和適應。宗教信仰帶來對靈性的實際好處，助長道德，令人更有力量及變成一個更好的人。

皈依宗教通常發生在人們心情低落想要放棄的時候，希望接近真空，就會提供了領悟的空間，自我的壓迫感與負面情緒終於得到紓解，我們開始只為其他人而活或者為某種更高的目標而活，信賴上帝後得到的報償

是釋放了恐懼，而這也是使皈依如此令人暢快自由的經驗，這種安全感給予皈依者驚人的力量。

宗教的存在為人們長期存在的不安或者感覺某件事不對勁的心情，提供了解決之道。它讓人們看見真正自我更崇高的部分（超我），並且拋棄較低下的自我。宗教給人們力量獲得一個更圓滿的人生。

宗教淺談

參考：

宗教淺談 https://wp.me/p6OFG6-6w
佛法淺談 https://wp.me/p6OFG6-IG

佛法淺談

我從哪裏來

我比較相信自然主義論的自然法則。中國儒釋道思想視人為宇宙萬物的一員，他具有自主生命及敬愛自然的本性，天人合一，共法自然。神是宇宙本身，宇宙無始或 138 億年前大爆炸產生。地球的年齡約為 45.5 億年，恐龍是在 6500 萬年前消失。現代智人的年齡約為 20 萬年。人類有文字的歷史約為 5500 年。

人類生命的出現是某個過程中的一部分，並經過基因異變，進化而成為今日的人類。物競天擇，適者生存。基因設計主要目的是繁殖下一代，不需有造物者創造萬物。

我是母親所生，又得了父母的遺傳因子。踏入社會工作前，所有必需品都由父母供應，深明父母是我最愛至親；所以孝親及感恩很重要。曾子曰：「大孝尊親，其次不辱，其下能養。」孝是供養、尊重及關懷父母，並讓父母看見子女的成就而驕傲。

再思考到人類、地球及宇宙從哪裏來？是否有上帝及創造者？萬物那麼精密美妙及有規律，應有創造者，但創造者又由誰創造呢？這些都涉及信仰問題，有宗教信仰者相信宇宙及人類是上帝創造，其他信仰有宇宙無始或相信大霹靂是宇宙的起源。我的信仰是宇宙無始或於 138 億年前大爆炸產生，由能量轉化成基本粒子（E=MC square）夸克（quark，亞原子粒子 subatomic particle），也是構成物質的基本單元。

宇宙誕生及紀元

1. 138 億年前：Big Bang 大霹靂，能量出現，能量轉化成數十種基本粒子（E=MC 2）。1/10000 秒，基本粒子聚合形成質子、中子。50 萬年後，首個原子形成，也就是氫原子。

2. 10 億年後即 128 億年前：第一顆恆星由星雲形成

3. 115 億年前：行星及宇宙形成

4. 45 億年前：地球形成

5. 38 億年前：複製基因（replicator）出現，生物形成。

6. 600 萬年前：母猿產下了兩女兒，人類和黑猩猩。

7. 280 萬年前：非洲人屬開始演化，出現石器。

8. 230 萬年前：能人出現（中國元謀人）

9. 150 萬年前：直立人出現（中國北京人）

10. 十幾萬年前：智人出現（中國丁村人）

11. 7 萬年前：智人傳播至非洲之外，歷史學開始，語言出現。

12. 3 萬年前：智人（Homo sapiens）成為唯一存活的人類物種（species）

13. 5000 年前：最早王國

14. 2500 年前（公元前 565 年）：釋迦牟尼出生，佛教興起，古希臘時期。

15. 2000 年前（公元）：耶穌基督出生，基督教興起，秦漢朝。

16. 1400 年前（公元 600 年）：穆罕默德出生，伊斯蘭教興起，魏晉南北朝。

17. 公元 500-1000 年：隋唐

18. 公元 1000-1400 年：宋、中世紀

19. 公元 1550-1700 年：清朝、日本德川幕府

20. 1914-1918：第一次世界大戰

21. 1939-1945：第二次世界大戰

易經提出無極生太極，太極生兩儀（陽陰），兩儀生四象（太陽少陰少陽太陰），四象生八卦（乾兌離震巽坎艮坤），八卦生六十四卦 384 爻而後萬物生焉。經過漫長演變及進化而長出現在的萬物。所以萬物不一定有個創造者，而上帝可能即是宇宙。我亦相信進化論。

1972 年在埃塞俄比亞出土的阿法南方古猿「露西」（Lucy）頭骨，科學家相信她是「人類之母」。我相信人類有共同的祖先，所以如果我的牙齒咬傷我的舌頭，我不會剝我的牙齒出來。我和兄弟們打架，很快便可以和解。同樣地在地球村裏不同國籍的人，大家亦都是同一家庭，無分彼此，所以不會有敵人；亦都覺得大家是平等。沒有階級觀念，各人有自己的崗位。用同理心而為他人設想，所以要平等對待，相親相愛。這樣大家可在一個安全和平的環境下和諧相處。

我又相信宇宙一體化或自然法則，宇宙有一種看不見的秩序。人要順應自然及保護大自然。萬物由能量組成，所以物質及所有生物都可看成有靈性，也有可能感應到人類所發出的情緒能量而作出反應，所以不應作無謂的殺生及浪費資源。

思考人的生存意義（價值與目的）

這個問題至少有兩個意思，一個意思是人生是一回怎樣的事（人生目的），另一個就是人生有甚麼價值（人生價值）。可將他們連在一起便是人生的目的，就是做最有價值的事。

每天起床又要面對現實、讀書、工作及不停的困境苦難等等。如果有病痛，更加不想起床面對，所以生存要有意義。確立生命的意義是可以令一個人有意義的活下去。如果我不賦予一個意義，當我面對困境時就會很難接受了，如果我賦予一個意義，我的心就會得到合理的安放。

七大需求

美國心理學家亞伯拉罕馬斯洛（Abraham Maslow）於 1970 年提出人生有以下七大需求：

基本生理需求

安全需求

歸屬感需求

自尊的需求

求知需求

審美需求

自我實踐的需求

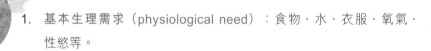

1. 基本生理需求（physiological need）：食物、水、衣服、氧氣、性慾等。

2. 安全需求（safety need）：心理和生理上都免受威脅的安全感。

3. 歸屬感需求（love and attention need）：希望得到愛與關懷，希望與別人建立親密關係及渴求在家庭、友誼、工作和團體的認同。

4. 自尊的需求（esteem need）：希望得他人尊重認同，如果無法滿足被尊重的需要，不能建立自尊，就會產生自卑、無助和沮喪的情緒。

5. 求知需求

6. 審美需求

7. 自我實踐的需求（self actualization）：生命成長──超越的追求

這七個層次是按部就班循序漸進發展的。當低層次的需要大致上得到滿足後，就會產生對較高層次靈性需要，包括：知識、審美及自我實踐的渴求，推動我們邁向人生目標。它將自我實踐視為完整生活的最終目標（人生目標），是生命意義的最高點，也是驅使人類進步的最大動機及原動力。

我們經過思考探索人生的意義（人生的目標與價值）、我是誰、如何得到快樂、何謂愛及死亡，建立自己的信念，人生觀及價值觀。根據這個信念對以後人生中一切選擇可以作出一個有智慧的決定及行為，之後也不會後悔亦不會受良心譴責，心無罣礙。

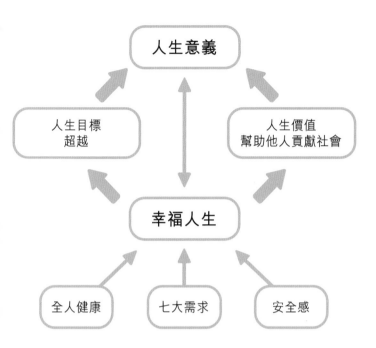

有價值的人生是建立自己人生觀及做人做事的準則（底線），進而尋找自己人生的目標，先思考自己是甚麼樣的人，在追求甚麼，有甚麼事會讓自己感到快樂，現在或過去的歲月中，那一種經驗讓自己最有成就感，最後定能夠找到目標，專注此目標，全心投入，激起熱情，達成的具體計劃。確立人生目標，給了我們生活的意義並能忍受一切苦。努力上進，使自己一天比一天更進步圓滿。盡力做好自己，完善自我，實現自我需求，充分了解發揮個人潛能，專注此目標，全心投入去達到目標，充分發揮個人潛能，並享受過程，此境界便是幸福。活得有目標就能找到自己存在的意義。

我相信人生的意義是靠自己培養喜悅平和的心過快樂的人生。快樂能讓人對生命充滿熱愛。每天都不斷追求個人成長（精進），而每一刻都是

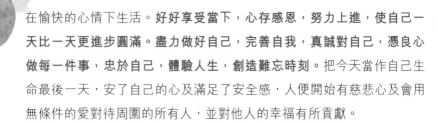

在愉快的心情下生活。**好好享受當下，心存感恩，努力上進，使自己一天比一天更進步圓滿。盡力做好自己，完善自我，真誠對自己，憑良心做每一件事，忠於自己，體驗人生，創造難忘時刻。**把今天當作自己生命最後一天，安了自己的心及滿足了安全感，人便開始有慈悲心及會用無條件的愛對待周圍的所有人，並對他人的幸福有所貢獻。

無門慧開禪師：「**春有百花秋有月，夏有涼風冬有雪，若無閒事掛心頭，便是人間好時節。**」

我贊同亞里士多德所說的人生真諦：Happiness is the meaning of purpose of life. The whole aim and end of human existence.（快樂是生命的意義和目的，是人類生存的終極目標。）

世界觀

世界觀，也叫宇宙觀，是一個人對整個世界的根本看法，世界觀建立於一個人對自然、人生、社會和精神的科學的、系統的、豐富的認識基礎上，它包括自然觀、社會觀、人生觀、價值觀、歷史觀。世界觀是對於這個世界的認知，不僅是認識問題，而且還包括堅定的信念和積極的行動。

價值觀

價值觀是指周圍的客觀事物（包括人、事、物）對自己的意義、重要性的總評價和總看法。一方面表現為價值取向、價值追求，凝結為一定的價值目標；另一方面表現為價值尺度和準則，成為人們判斷事物有無價值及價值大小的評價標準。是生活取捨的原則和參照。

徹底檢查想要的是不是真的需要及重要或只是想要。金錢是工具，是為

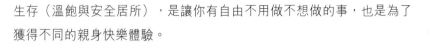

生存（溫飽與安全居所），是讓你有自由不用做不想做的事，也是為了獲得不同的親身快樂體驗。

我對物質財富的信念是認為金錢只是用來追求人生目標的工具。當學業和事業成功，可創造財富，懂得善用（節儉），儲蓄及投資便能增加財富。當擁有財富能滿足基本開支（衣食住行）及能自由地支配自己的時間，能和家人及自己喜歡的人在一起，能多愜意地以自己方式過着自己想要的生活。有選擇能力，隨心所欲，可做甚麼便做甚麼。這樣擁有的財富便足夠。

金錢取之有道，用之有度。不義之財不要貪。用自己努力工作得來的財富，更令人有成功感及用得開心。理財要量入為出。時間也是金錢，所以退休後採取保守及簡單理財策略。投資策略是低風險保本投資，追求抗通脹約 5 厘的回報。時間也是金錢，將空出的寶貴光陰用來享受寧靜人生，不受金融波動影響情緒；因擁有一件物體，在腦內便是一個雜訊，佔了我們心靈空間，減少我們思考的時間。

過簡約生活，斷捨離，斷絕不需要的東西，捨去多餘的廢物，脫離對物品的執着，丟掉負面情緒，丟掉包袱。減少腦內雜訊。空出時間來思考及享受當下。

人生觀

是指對人生的看法，也就是對於人類生存的目的、價值和意義的看法。

在人生每個階段，**幼兒**多未有記憶，這階段要由父母保護，多給五官刺激。**童年時**，父母要引起孩子閱讀求知的興趣、好奇心及幻想力，增強他們的的語言能力，多鼓勵少批評。**青年期**，家長要幫助孩子增強自信

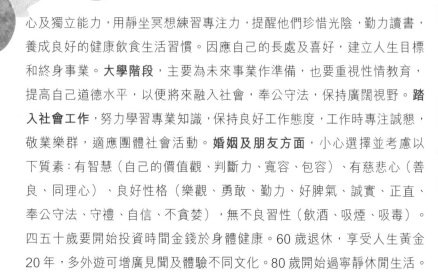

心及獨立能力，用靜坐冥想練習專注力，提醒他們珍惜光陰，勤力讀書，養成良好的健康飲食生活習慣。因應自己的長處及喜好，建立人生目標和終身事業。**大學階段**，主要為未來事業作準備，也要重視性情教育，提高自己道德水平，以便將來融入社會，奉公守法，保持廣闊視野。**踏入社會工作**，努力學習專業知識，保持良好工作態度，工作時專注誠懇，敬業樂群，適應團體社會活動。**婚姻及朋友方面**，小心選擇並考慮以下質素：有智慧（自己的價值觀、判斷力、寬容、包容）、有慈悲心（善良、同理心）、良好性格（樂觀、勇敢、勤力、好脾氣、誠實、正直、奉公守法、守禮、自信、不貪婪），無不良習性（飲酒、吸煙、吸毒）。四五十歲要開始投資時間金錢於身體健康。60 歲退休，享受人生黃金20 年，多外遊可增廣見聞及體驗不同文化。80 歲開始過寧靜休閒生活。

我的座右銘是：活在當下（CARPE DIEM= SEIZE THE DAY）。

生命長短多數不可預知，但我們可控制生命的寬度，享受當中每一刻過程。時間是我們寶貴的財富。珍惜每一刻及人與人相會時刻，活在當下；過去已經過去，未來仍未到臨，真正的生命就在當下。盡量保持寧靜安詳和諧心境，加強覺知去欣賞周邊所有美好的人和物，你不會浪費光陰於負面情緒及無意義的事件上。用寬容、同理心、寬恕、難得糊塗、焉知非福等正向思維，減少負面情緒，令自己盡快回復到 70 分的快樂指數。

而快樂、健康、財富及愛是幸福人生的四大支柱。如何得享快樂幸福人生？首先我們要認識自我。我是誰？思考認知自我，了解自己長處，從而建立自信心。認識自我乃由身心靈組成。身（五根──眼耳鼻舌身）接收外境訊息（五塵──色聲香味觸），之後加進個人記憶、意志力、經驗知識、習性及性格後由心意用邏輯分析，產生情緒反應，最後由良知（羞恥心及罪惡感）智慧靈性作出結論及行動。將想法付諸行動，重

複動作形成習慣，長久習慣形成性格。讀佛法才知道外境訊息（六塵）可能不是反映事件真相，我們便能以不判斷（Non-judgement）及平常心應對負面情緒，用苦集滅道應對人生苦難及困境。用戒、中道來控制慾望。無論是飲食或為人處事都避免極端（中庸之道）。

用禪定增強專注力，自我觀察身體能力與自我觀察及控制負面情緒及厭惡感的能力。禪定增強念力，一切唯心。用念力可改良外境訊息，改變負面情緒及滿足願望。另外要認識自己的喜好及長處，愛惜自己，做自己最好的朋友，建立自信心，在現世追求喜悅、自在、安全、和諧而寧靜的環境（佛教涅槃及基督天堂）。其實有安全地方睡眠，有足夠金錢得以溫飽，已經達到生存的基本要求。用智慧思考，以念力滿足慾念和控制負面情緒，便可即時進入喜悅自在的心理境況。

外境方面，如果大家有智慧，同理心與慈悲心，明白人不可獨立生存，幫人也最終是幫自己，每人各有所長也喜好各異，大家要互相包容，恕己立人，彼此尊重，心存感恩及謙卑。法律維持公平公正，人人接受道德、習俗及禮節規範（守禮），這樣大家便能活在一個和諧的社會，可得到和諧安靜安全的外境。當下便是活在天堂或涅槃。

生存日期有限，如果今天我是 60 歲，樂觀估計才得一萬（90 歲死）至一萬四千日生命。我一定不會浪費時間於吵架或進行不喜歡的事情。會寬恕及將仇恨放下。感恩、知足、自愛、自覺、保持心境和平寧靜。

逆境令我們不快樂，在人生的不同階段都有不同的危機，讀書考試不合格，青春期失戀，成年時失業、破產、生病。五六十歲開始有至親離世、退休壓力，最後要面對死亡。另外又有因失誤、失敗、不小心失去金錢等而產生的自責及其他最負面的情緒如憤怒、貪婪、妒忌等。

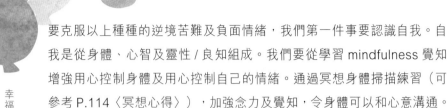

要克服以上種種的逆境苦難及負面情緒，我們第一件事要認識自我。自我是從身體、心智及靈性／良知組成。我們要從學習 mindfulness 覺知增強用心控制身體及用心控制自己的情緒。通過冥想身體掃描練習（可參考 P.114〈冥想心得〉），加強念力及覺知，令身體可以和心意溝通。

另外要建立自信、自愛、自己的信念與價值觀，盡量親近大自然，心存感激，培養個人興趣都可以令到自己有一個平和安寧的心情。

人生需要不停作出抉擇，所以值得思考一些重要問題，建立自我的信念、信仰、價值觀及人生觀。認識人物事情的重要性，作為生活取捨的原則和參照。尊重自己的個人自由，設立自己的底線。

小心良知的反效果

我們要小心一些人以良知令對方有罪惡感從而達到操縱他人。一些人誤解了行善的方式或手法，結果令對方受害，好心做壞事。

因為貪婪，人會埋沒良心做出作奸犯科、殺人放火等罪惡行為，而不受自己良心的譴責，他們會認為沒有因果報應，亦不相信死後有審判；所以可以埋沒良心，追求現世的慾念滿足。

為了得到社會和諧，每個人的行為都會受禮貌、道德、法律、靈性良知所規範。

為何不犯惡

人有善良及邪惡的本性，我們奉公守法，不犯法及做壞事，主要是有三個因素阻止我們。第一是我們的文化道德教育影響，令我們不會隨便講

大話、打尖、隨地吐痰或講粗口。第二是法律，現在CCTV監控系統流行，好多罪案很快便被破案，所以有人預測未來的罪案多數會在cyberspace發生；但想像如果一個人擁有隱形的能力，他便有可能覺得犯法也不會被拘捕。第三是宗教的畏懼或是你的良知，因恐懼死後可能要接受批判及進入地獄或夜深人靜時良知對自己的譴責，所以不犯惡。

降低自我意識的利弊

睡眠、深層次冥想及當輸入腦裏面的血醣或氧氣減少，都會削弱自我的控制力，部分藥物、吸食大麻、毒品、酒或進行自虐式危險動作，例如：勒頸等都會產生以上效果。

好處是平時大部分時間自我意識對外景有固定的認知，當自我的意識減弱，超我便會可以發揮其影響力，不再執着自我，產生慈悲，體驗到狂喜或進入天堂的喜悦，又會增加創意及藝術審美眼光。

壞處是本我的慾念與暴力便開始不受控制，所以有時在深層的冥想中，除了產生慈悲心，有時會產生憤怒或恐懼的感覺；降低自我意識的控制，人會做出可怕的暴力或荒淫的行為。又有因毒品會令多巴胺升高，因多巴胺（dopamine）是獎勵機制，所以毒品會令人上癮。

我的實踐

　　當我 60 歲時，已經累積了 10 年閱讀幸福書籍的經驗，加上開始練習冥想及靜觀，我的智慧開始累積，我便開始發覺我的腦裏面有自己的聲音常常和我自己交談（自我的意識），聲音提醒我香港男士平均壽命當時是 82 歲，我衡量過自己積聚的財富足夠我一日三餐食用及每晚睡覺時有瓦遮頭，直至 100 歲生存都沒有問題。有了這個安全感，我可以開始好好利用我這黃金 20 年，回饋自己，對自己好一點，要隨心所欲不踰矩。有了這個自我意識，我便開始減肥做運動，體重由 180 磅回落到 160 磅，開始保養皮膚及搽防曬乳液，留意行路姿勢，挺胸微笑及提防寒背，亦開始戒掉我深愛但有致癌物的腸仔及煙肉，亦因為要改善自己的儀容，所以開始訂造合適的西裝、襯衫、西褲及鞋。

人們能自愛，減肥、戒煙、戒酒、戒毒、戒賭不成問題。

　　另外要自己增加五個感應器官（眼耳鼻舌身）的享受，所以對柴米油鹽醬茶酒與及琴棋書畫詩歌花開始產生興趣。以前不飲酒，現在我都開始學習飲紅酒、白酒甚至烈酒，主要是學識欣賞，鍛煉自己的味覺與嗅覺，當然我知道中庸之道，自己不會沉迷於某一個嗜好。60 歲的時候，為了增加自己的體驗，我便開始獨自去旅行，我去過熱鬧的日本東北夏天三大祭祀及攝影愛好者天堂～秋天日本東北奧入瀨溪流。晚上也多了與舊同學聚餐。我亦有組織晚上佛學講座，去聽其他不同的講座增長知識及去聽古典音樂演奏。

　　行善方面，以前在街上遇見乞丐，我間中會因為覺得他們假扮或者自己剛剛沒有錢幣而沒有給予施捨，但晚上在床上回想又覺得不對，不能心安。所以現在我將收入的一部分撥作慈善用途，報施便隨緣，遇到朋友要求或適逢其會我便會伸出援手，滿足了自己良知的需求，令自己心安。

　　隨心所慾不踰矩，除了幫助他人亦都不能因為自私而傷害他人，所以我會遵循道德倫理及遵守法律而自律，自己單獨相處或自己變成隱形人都不會犯惡，因為我亦都相信上天像隱藏的監控電視（CCTV）一樣監察我的行為，惡有惡報。其實主要是自己做了虧心事，晚上自己的良知便會怪責自己，不能心安。所以其實惡有惡報及打入地獄，其實都是當下受着良心的譴責的煎熬。為了心安，心境寧靜，心無罣礙，自我會做到自制、自律、自省、慎獨及遵守法律。這些美德亦是維持圓滿人際關係的重要品質，是人類社會生活所必需的，如果大家能發揚及實踐美德，定能有利於社會生活和諧和秩序。

培養靈性——智慧與慈悲

智慧 Wisdom

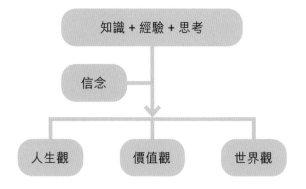

知識：可學習，建構自己邏輯與內化成自己的語言。是很多人努力的結晶。

學問（經驗）：不是知識，是從人生體驗錯誤而反省得來。

聰明人智商和情商均高，有邏輯思維、分析事物及辨證能力。能夠知道一件事情該怎麼做。

閱讀增長知識（歷史、科學、哲學、宗教），經驗增長學問。從思考死亡、上帝這些沒有答案的大問題，建立信念、價值觀、人生觀、世界觀，

並實踐及能對生活中的大小問題做出正確的判斷。

智慧是讓知識在生活裏實踐，使知識變成有用。是飽經世故及經過思考的體驗結晶，必須自己觀察、體會及思考。智慧幫助正確判斷力，好奇及渴求知識又能滿足求知慾。有智慧是除了聰明及有知識外，能掃除心靈上的灰塵，更有心悟及憫情的高尚人格道德；能表現出高尚的德行；能夠判斷一件事應不應該做。大智若愚，擁有大德，以此得大道，方為智者。

心靈的覺悟，所覺悟的即是智慧人生中有很多大問題都沒有答案，但是人唯有思考這些大問題，才能真正擁有自己的生活信念和生活準則，而對生活中的小問題做出正確的判斷。

慈悲——助人為快樂之本

何謂慈悲？慈能與樂，悲能拔苦。給予別人快樂，叫做慈；拔除別人的痛苦，叫做悲。施比受更為有福。能夠幫助別人表示自己有智慧，覺得自己需求及安全感足夠，又會因為受助者口頭上的多謝或報以微笑，這些正向活動亦都會帶來快樂。佛教説慈悲的具體行為是利他。諸佛菩薩以「無緣大慈，同體大悲」的平等心對待一切有情。

佛教何謂「三種慈悲」？

眾生緣慈悲、法緣慈悲、無緣慈悲，是名三種慈悲。

眾生緣慈悲：是對一切眾生都視如父母兄妹眷屬，常起與樂拔苦之心，這是凡夫未斷煩惱的有學之人，所起的慈悲。

法緣慈悲：是破除我之相，對眾生隨力隨意，拔苦與樂，這是斷煩惱達於法空（梵語 dharma-nairatmya）的三乘聖人所起的慈悲。

無緣慈悲：是心無分別，普救一切，不但對一切人類拔苦與樂，擴展至一切有情動物，皆起憐憫愛護之心，這是諸佛所獨有的慈悲。

無緣大慈與同體大悲是表現佛教真平等精神，視萬物為一體的平等思想。

無緣大慈

不但對自己有關係的人要慈愛，同時對於自己沒有親戚朋友關係的人也要慈愛。即儒家有言：「老吾老以及人之老，幼吾幼以及人之幼」及「惻隱之心，人皆有之」。

同體大悲

把宇宙間一切眾生看成人我一體，視他人的痛苦為自己的痛苦，憂戚與共，骨肉相連，即儒家所言：「四海之內皆兄弟也」。

助人為快樂之本。增加他人的快樂，幫助別人。付出越多，自己能得到的快樂越多。

耶穌教世人「博愛」，這都是慈悲心的展現。

智慧生慈悲

大爆炸產生能量轉化成基本粒子夸克，是構成物質的基本單元（量子學），經過漫長演變及進化而長出現在的萬物。人類是共同祖先演化而

來，眾生應是平等（平等心）。宇宙是平衡系統，萬物有靈及互相依賴。

 同理心

同情心（sympathy）是易地而處，感同身受。
同理心（empathy）是不單只是易地而處，感同身受，**更能夠理解導致對方有這心情的理由**。前額葉右邊是負責處理與同理心相關的事情，科學家稱之為鏡像神經元（mirror neuron）；同理心理論的最早倡導者是 1950 年代奧地利心理學家 Heinz Kohut。

慈善布施

當我們覺得所擁有的已經足夠，才會樂意去布施。**最好布施是授人以魚不如授之以漁。**布施明明是自己損失，讓別人賺了。但知足者做布施，反而更喜歡。不知足者其實不一定真的很貧窮，但總是覺得自己擁有得很少，老是盤算着自己還缺乏甚麼，即使財物有餘，自己用不盡亦不願意布施，這是因為他們覺得安全感不足。

行善最能滿足靈性的需求。每週記下五項令人感恩的事物，回憶幸福快樂時光，花 20 分鐘重溫過往自己所喜愛的人和生活體驗。每次重溫過往都能讓您再次身歷其境重拾快樂。從寫自傳，回顧自己的生平，列出自己的喜好、強項與成就。回顧一生的經歷與成就。全面認識自我專長、優點、嗜好。發展自己潛能。有自信、自尊、自愛，減少對自己的負面批評。像對待一個心情受傷或鬱悶的好朋友一樣，**溫柔地對待自己。加深對自己的認識及接受自己的弱點和自己的不完美的事實，做自己最好的朋友。**建立自己人生觀、價值觀及信念。確立自己容忍的底線，聽從自己內心的喜好，做自己喜歡的事。聆聽音樂及進行冥想。以上都可培養及滋養我們的靈性。滿足心靈的需求，下一章討論如何滿足感情的需求。

第 5 章

如何獲得愛與被愛及滿足感情的需求

何謂愛？

愛是尊重、關懷及信任。

人的感情需求是愛與被愛，

因為愛與被愛是一種幸福感。

何謂愛

何謂愛？愛是尊重、關懷及信任。各種感情關係中，對於父母、配偶、子女及兄弟姊妹（他們陪伴我人生前十多年及與我一齊成長）等感情的需求最為重要。

如何獲得愛與被愛

首先自愛，然後有愛心愛他人，加上智慧增進美德，他人感受到你的愛自然會開始回饋，令到自己獲得被愛。

愛包括懂得自愛和有愛心，由於靈性及智慧的增長，人開始懂得愛惜自己，然後有慈悲心及博愛。而想獲得被愛，便要培養品行開始修煉。守禮、有道德觀、遵守法律、做人真誠、誠實、守信、有同理心、寬容、感恩有勇氣及有正義感等，以上都是可以獲得被人喜愛的元素。

所以從靈性智慧改變心態及培養出良好品行德性（美德）及有毅行力作出行動與實踐，除了滿足感情需求，更可獲得和諧人際關係及滿足社交健康的需求。下一章再詳談。

我對愛的感想與分享

愛本質上是一個抽象概念，可以體驗但卻難以用言語或文字來表達。愛是與生俱來的，是人性的特質。**愛對人有如空氣和水，不能沒有。**

喜愛，是帶有熱情地喜歡一樣東西，人們從中可以得到樂趣及愉快感。如對食物的愛、對金錢的愛、對學習的愛、對權力的愛、對名譽的愛。

關愛是人際間的愛，是喜歡對方而主動使對方得到快樂而從中自己也得到快樂；所以就算對方不接受你的愛，也不要傷心，因能愛已得快樂。如果第三者可給他（她）更大的快樂幸福，你也會替你的愛人高興而讓他（她）選擇。最極端時，我們可為了愛某些東西（伴侶、至親或國家）而願意作出更大的犧牲（金錢或生命）。**好多人假愛之名而要控制對方，傷害對方的自尊，心靈甚至肉體，這些令人迷惑的所謂愛並不是真愛。**

人際間的關愛最少包含一個至三個主要基本元素，即是尊重（理解）、關懷（責任）及信任。其他元素有慈悲、諒解、包容及保護。

尊重他人是找出對方甚麼是值得尊敬或喜愛的地方（優點）。

關懷是考慮他人的需要和渴望。

信任是善意確信對方不會傷害自己，且會保護自己的利益，因而願意信任對方。信任他人意味着必須承受易受對方行為傷害的風險；因此，承擔易受傷害之風險的意願亦是人際信任之核心。除非你完全信任別人，否則你無法完全愛他們。

其他元素有慈悲、諒解、保護、不嫉妒、忍耐、諒解、接納和包容。愛有深淺層次。而用以上的元素也可測試你對某人的愛有多深。

關愛可以是自私的愛、溺愛，但亦有無私的大愛。關愛的對象

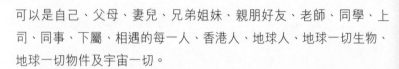

可以是自己、父母、妻兒、兄弟姐妹、親朋好友、老師、同學、上司、同事、下屬、相遇的每一人、香港人、地球人、地球一切生物、地球一切物件及宇宙一切。

愛的對象是自己便是自愛。自愛是愛的基礎，一個懂得自愛的人，也容易發展出其他各種的愛。先尊重自己，找出甚麼是我值得自己尊敬或喜愛的地方（優點）。關懷照顧自己，是給自己健康的身體，了解自己的需要和渴望，定出目標去滿足自己的需要和渴望的體驗，愜意地以自己方式過自己想要的生活。冥想去增強察覺力，能糊塗吃虧，這樣才可擁有一個平和寧靜心境，察覺及享受當下每一刻的體驗。活出一個幸福的人生。信任自己，有自信及要與自己成為自己最好的朋友，人們便能獨處而不怕孤獨。

愛的對象是父母便是敬愛，其中多了孝的元素。曾子曰：「**大孝尊親，其次弗辱（羞辱），其下能養**」。供養、尊重、關懷父母及讓父母看見子女的成就。有良好品格、健康身體及經濟獨立便能令父母不用擔心。

與年紀老邁的父母相處時可問的問題：

1. 父母或祖父母的故事
2. 你小時候的故事
3. 我小時候的故事
4. 給我的意見或忠告
5. 一生中遺憾的事，如果可重頭再來，你會怎樣做？
6. 一生中最令你自豪和驕傲的是那件事？
7. 那件事對你有最大衝擊和影響最深？
8. 面對未來，我們應該做些甚麼計劃打算？

愛的對象是成年異性或同性，其中多了擁有獨佔及情慾的元素，

便是愛情。你一定不會喜歡伴侶另外有一個或多個親密的異性朋友吧！

友誼是愛情種子成長的土地。要找到愛，先找個朋友。接觸是愛情最有力的表現，它可以打破人際間的藩籬，把彼此緊緊連結在一起。接觸可溫暖及治癒寂寞空虛的心靈。

愛的關係中，人們也需要給予彼此空間及自由。又要能接納自己伴侶的本來面目，而不是抱着改變對方的期望。這兩點對維繫婚姻十分重要。

愛需要真誠地表達及溝通彼此的情感，不要放棄任何一個欣賞讚美他人的機會及讓你所愛的人知道你愛他。結婚是渴望持久的愛的關係而肯對愛有承諾，並承諾終生會照顧對方。每一段婚姻或其他關係都有高潮、低潮、順境或逆境的時候，但婚姻關係下，放棄絕對不是一個選擇，而是無條件地承擔一切。**承諾是真愛的試煉品。如果無法對某人付出承諾，就不是真的愛對方。**

持久的愛需要熱情，熱情是指人參與活動或對待別人所表現出來的熱烈、積極、主動，友好的情感或態度。熱情來自我們的思想和感覺。當我們對某事有興趣或渴慕的時候，我們會變得興奮及非常熱衷。要讓熱情一直存在，可以把過去讓你有過熱情的經驗再重新創造出來。如再去拍拖時去過的地方，送鮮花及共進浪漫的燭光晚餐等。愛和生活的本質一樣，我們要做的只是讓每天都活得有熱情。

尋找理想的終生伴侶，先思考理想伴侶是甚麼模樣，他（她）的外表、品性、信仰、喜好及厭惡。他（她）是你最好的朋友嗎？你們有共同的目標、企圖、價值觀、人生觀和信仰嗎？你會想雙方永遠在一起而又能彼此給與空間和自由去成長和學習嗎？

你們能夠誠實且開放地溝通嗎？你們是否對這份關係都有所承諾（例如結婚）？你是否對他（她）和你們的關係感覺到強烈的熱情？你們彼此完全信任嗎？

配偶的選擇不會是最好但要當機立斷。結婚後，如同想着自己

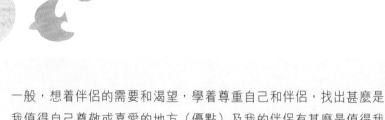

一般，想着伴侶的需要和渴望，學着尊重自己和伴侶，找出甚麼是我值得自己尊敬或喜愛的地方（優點）及我的伴侶有甚麼是值得我尊敬或喜愛的地方（優點），想着應該為這份關係付出甚麼，而不要想着你應該從他（她）能得到甚麼。能和伴侶交朋友，找出共同的興趣和追求。常常充滿感情地擁抱接觸對方。誠實且開放地溝通你的感覺，對這份關係有所承諾。在關係中重新創造熱情，彼此信任，夫妻關係便更長久。

愛的對象是子女便是慈愛，而父母對子女的愛多了無私的奉獻，是無私的給予，是付出而不求回報，不是佔有慾的滿足。不是從自己的意願控制他們。

父母要關心子女的身心健康，更要保護年幼的子女，培養他們的獨立能力，訓練想像力，用講故事看書來讓孩子運用想像力。愛因斯坦從科學研究中感受到想像力比知識更重要，因為知識是有限的，而想像力概括着世界上的一切，推動着進步，並且是知識進化的源泉。多讚賞嘉許，不要過分批評，傷害孩子自尊心及自信。以身作則。溝通、聆聽和理解是很重要的。父母彼此間和睦相處，互敬互愛，令他們能在一個溫暖和諧的家庭環境下快樂健康地成長。

愛的對象是朋友便是友愛。《論語季氏篇》〈益者三友章〉云：「孔子曰：益者三友，損者三友。友直，友諒，友多聞，益矣。友便辟，友善柔，友便佞，損矣」。理想的朋友是個性誠實正直，善解人意，時刻為他人設想，尊重別人，學識廣博。損友只會諂媚奉承，當面恭維，背後誹謗，優柔寡斷，沒有主見及判斷力，誇誇其談並無真才實學。

要成為好友，大家都有共同的信仰，或共同的興趣，或共同的目標，或共同的人生觀與價值觀。

愛的對象是相識的人要上敬、中和、下愛。要尊敬長輩、老師、學長及老闆。與同輩、同學及同事要和睦相處。要關懷愛護後輩、師弟、下屬及僕人。

愛的對象是不相識的人便是仁愛（善）。「己所不欲，勿施於人」。與人為善，寬容尊重他人。每一個心靈都是自由的，要尊重別人的選擇，不要想把自己的意見強加於人。

每人都有其優點及其社會上不同角色要扮演，並對社會作出貢獻。能溝通聆聽，放下身段，謙遜，真誠待人，有同理心，可從對方角度看事情，凡你希望自己得到的，不妨先讓別人得到。糊塗一點，吃虧一點。要能寬恕、原諒、分享及慈悲布施。共同創造一個和諧的社會。

人際間的愛與被愛所帶來的喜悅是幸福和有意義人生的重要一環。**愛可治療精神及肉體的創傷。當感到愛，白血球、免疫力及抗壓力的荷爾蒙會增多；當我們得不到愛或不被愛，我們便活在痛苦之中。**所以每個人都渴望滿足愛與被愛的需求（安全感），而愛與被愛是可以自己創造的。

如果你想得到愛或被愛，其中一個方法是先專注在你能給予甚麼，自願無條件地貢獻，以代替你能得到甚麼，你要先付出愛。而你給的越多，你可能得到的就越多。另外通過友善的笑容及接觸、擁抱可增加人與人之間的關愛。

自愛　➡　愛她　➡　被愛

如愛的對象是一切生物與死物，就是博愛。部分動物故然有靈性，而死物也有生命力，因現今科學家發現萬物皆由能量構成。最細單位是夸克（quark）是一種基本粒子，也是構成物質的基本單元。它同時表現出粒子和波的特性。所以萬物可互相影響及依賴，我們要愛惜及保護大自然。養成節儉的美德，減少消費，買需要的東西而不是想要的東西，廢物利用，過簡單生活，常整頓。節約用地球資源如水及能源，減少損害生態及污染環境。

我的得悟：朋友

友情使喜悅倍增，悲哀減半。與朋友分享一些共同的興趣或活動，在活動的過程中會提升快樂的感受。好朋友會指出我們有甚麼優點，懂得肯定我們的自我形象、鼓勵和聆聽我們，幫助我們建立一個自信。

朋友是我們認識後（多屬同學、同事、鄰居、同嗜好者）彼此信任，能真誠相待，當對方有困難的時候願意給予幫助，並會為對方遵守承諾的一種關係。能成為朋友，先要有緣分相遇。和朋友分享心得可增進知識，交流感情則可使喜悅倍增而傷痛減半。

好朋友（好友）是相處時互相喜悅並互相欣賞對方的獨特氣質。大家可放開戒心交談傾訴，分享喜怒哀樂情緒，排解寂寥。經過長時間觀察，循序漸進及適當的自我流露，成為互相了解程度很深的知己。大家對彼此都有益處而這種是雙向的有益處。當自己有困難的時候，他會是第一個能夠給予幫助的人，而作出承諾後，也一定會遵守及兌現的人。

我的最好朋友標準是：當我有困難時，我會找他幫忙，因我知道他會答應，而他答應後一定會盡力遵守諾言的好友。互相有絕對信任。嚴守所有秘密。如果對方重病，我必會立即探望，以表關懷；誰先離世，另一方必會出席葬禮。

和朋友、特別是新相識的朋友討論政治、宗教及生死問題要小心，因很容易得罪對方。我已有了多次沉痛的教訓。

最後又要提醒大家，要努力成為自己最好的朋友。人因童年經歷、生活壓力、慾念及對自己過於嚴厲（不原諒自己過失）的某些原因而作出不當行為，造成對自己的傷害，結果變成癡肥、吸煙、

酗酒及病態賭徒等。人一定要和自己做最好的朋友。**能寬恕自己的錯失，體諒自己，學曉自愛（關懷、信任、尊重）、自信及能舒暢和安寧地獨處。**

我們有很多朋友，但也不免有敵人。敵對關係可以指各種競爭關係，如情敵、競賽中的敵方及經濟利益衝突上的對手。另一方面也有因階級及意識形態等原因，而導致人們按照立場、國籍、民族等的區別，分成敵對陣營。

敵人是相對的，敵對雙方都可以稱對方為敵人。敵人會危害己方或友方的權利，或者妨礙己方或友方獲得利益。相反地，己方或友方也會對敵人造成妨礙。

朋友是幸福人生不可缺少的一環，有敵對者也是無可避免的。有競爭才會有進步。能達到雙贏固然最好，但單方面勝利也要給對手留有餘地。

第 6 章

如何獲得和諧人際關係

有自信及有良好品德，
與人為善，人際關係一定好。

美德

獲得與配偶、親人、相識及不相識等人和諧人際關係自然會覺得幸福，因我們不是單獨活在荒島上；在群體生活中，社會秩序及社會上各階層人士的和諧對個人幸福十分重要。

要關係和諧上一章已經提到如何獲得他人的愛及如何愛他人，這一章主要講品格和德行。休姆《人性論》：想靈魂無紛擾，唯一方法就是用美德去佔據它。培養高尚品格與道德倫理行為。

美好的品德：仁、義、禮、智、信、忠、孝、悌、節、恕、勇、讓

美德是維持圓滿人際關係的重要品質，是人類社會生活所必需的，美德的實踐及發揚有利於社會生活的進行。

美德是道德上的卓越。美德被認為是善在道德上體現出來的特質或者品質，因此美德被視為美好原則和道德的基礎。個人美德被視為是促進和實現集體以及個人偉大的特性。美德指美好的品德，優良的品質、情操和行為，是每一個人都應該培養的優點。

美德有內在美，而表現出來的是個人的善行善舉。內在美是人的品性，一個富有美德的人，是一個有氣質的人，被稱為有涵養、有內在美。內在美表現出來，給人看得到你的個人行為，形成人們印象中你的人格。

人類的行為由慾念、理性、靈性及意志構成。當理性具備智慧，意志具備勇氣，慾念具備節制這些德行時，將能實視正義。真誠對自己，憑良心做每一件事，問心無愧。無論甚麼情況，一定要誠實，説實話及有誠信。以上德行是修身之道，接受良心、習俗、禮（社會秩序）及法律約束，可令自己減少行差踏錯，問心無愧，獲得尊敬及信任，擁有良好人際關係。獲得尊敬及信任，去做自己想做的事，過自己真正想要的生活，而不是別人希望我過的生活，以下是良好的品格。

1. 有善心：有同理心及惻隱之心。**同理心指能理解及感受對方的情緒，並站在他人的角度思考和處理問題。**人類進化的大腦有各種鏡像神經元系統（mirror neuron），它會挑選生物的情緒和行為的意圖進行解析，是會讀它人行為和情緒的神經元。

因為有同理心所以會懂得寬恕及包容他人（寬容）。因為有慈悲心所以會做人慷慨及樂善好施。同理心、同感心、分享心與利他心是人類進化的成果。有利促進人際互動，共同克服生存困難。

2. **有自信心**：所以會謙虛、不會執着、謙卑、難得糊塗、幽默、圓通、不貪婪、有決斷力、和藹、待人誠懇出自真心、平易近人、謙讓、做人圓通。

3. **懂得感恩**：能知恩圖報及念舊。

4. **有良知**：所以不會加害他人，守禮、有道德、守法、守信用、忠直、忠心、言行相符。

5. **有正義感**：能辨別是非，所以做人正直、公平、公正、有義、知對錯及知道羞愧。正義一般指公正合宜的道德、道理或行為。知對錯，公平公正，憑良知做出合情合理合法的行為。人在做，天在看（CCTV）。不偏私，不讓私人的感情影響自己的決定，給每一個人同等的機會。

6. **勇氣**：因為有勇氣，所以給人勇敢的感覺。勇氣是當內心認為應該做的事情而能真正付諸行動。

7. **有智慧**：所以做事審慎。

8. **節制／自律／自制**：所以可以克己奉公、守法、廉潔、有禮、循規蹈矩、有修養、誠實及有信用。

9. **有禮**：是指行為做事合情合理，待人接物守禮重義，追求圓滿和諧。禮貌，是人類為維繫社會正常生活而要求人們共同遵守的最起碼的道德規範，它是人們在長期共同生活和互相交往中逐漸形成，並且以風俗、習慣和傳統等方式固定下來。對一個人來說，禮貌是一個

人的思想道德水平、文化修養、交際能力的外在表現。不禮貌的行為包括排隊打尖、不讓位給予老人家、公眾場所大聲喧嘩、不尊重長輩。不注重自己的行為與儀容衣著。缺乏公德心如隨街拋棄垃圾、吐痰及破壞大自然環境等。

10. **謙卑 / 謙虛**：不傲慢。人總會有錯，不要追求十全十美，能接受批評。因批評你表示他人未放棄你，仍然關心你，希望你變得更好。謙虛是不看重自己的功績。修養是恰當的、適度的表現出你的需求，會等到恰當的時機去滿足需求，避免對自己或別人造成傷害。

11. **寬容**：寬容是尊重、接納與自己志趣不投或格格不入的人或事。在人的一生中，寬容是一種人生的修養。寬容是指人處世有度量，不苛求，能夠有諒解、克制及有包容的胸懷，但是寬容並不是人與生俱來的，它是隨着人們知識不斷地豐富、智慧不斷地增加、修養不斷地提高，才慢慢感悟出來的人生道理。也就是説，它是人的思想品性、社會閱歷、人生抱負、文化修養等因素息息相關的。寬容的人能夠理解人之難，補人之短，揚人之長，諒人之過，從而產生強烈的凝聚力和親和力。學會寬容，互諒互讓，能讓生活中多一份和諧和幸福，少一份煩惱與仇恨吧！寬容用於社會，文化和宗教信仰背景下的，指對於持不同意見的人表示一定的理解。強調多元文化等價值，如社會須尊重不同種族、宗教、性別及性傾向的觀念。

12. **和善**：好脾氣、隨和、難得糊塗、平常心。

13. **誠信**：誠信是人的核心價值，承諾思想行動一致；「誠」是誠實，「信」是有責任心、信用。守信是對承諾或合約負責任的一種態度。相反的，無誠信者是偽君子或真小人。對於誠信，受眾對之有較高要求，包括律師、會計師、教師、牧師、銀行家、公眾人士、政治家等。誠信在法學上的具體表現就是誠實信用原則，簡稱誠信原則。

做人守信用，所以給人一個忠直、忠心的感覺。

14. **誠實**：指人凡事忠於事實，不偏左右。一般認為，不做不公平的行為；如，不偷竊、不作弊等都是誠實的一種表現。誠實的相反就是謊言，包括一些通過隱瞞、壓制或誇大部分事實以達致不可告人之目的等卑鄙行徑。一個人在犯錯後最容易說謊，企圖掩蓋事實，從而落入不誠實的惡性循環裏。所有的文化都注重誠實，誠實是普世價值之一；然而與之相對地，使用語言以操縱他人、或以語言蓄意誤傳或誤導的行為，這就是所謂的欺騙，也是普遍存在於所有人類社會中，是普世文化通則的一部分。

15. **真誠／誠懇**：對人真誠，懂得用情用心交朋友，守信。真誠是真心實意，坦誠相待，以從心底感動他人最終獲得他人的信任。真誠的人格能使我們廣結善緣，使人生立於不敗之地，能夠締造幸福美滿的人生。

16. **寬恕**：寬恕自己，原諒他人。寬恕，或饒恕、原諒，是一種自願行為，其中行為包括放棄針對加害對方的消極感情（復仇等），甚至還能為對方祝好。寬恕常被視為一種美德。而容易原諒別人的人通常活得更加開心、健康。有研究顯示這類人的循環系統及神經系統都比不容易原諒他人者更加健康。寬恕亦都可以從學習而得到。

17. **圓通**：通達事理，處事靈活，懂得讚美他人。不圓通是缺乏機智，不知道甚麼時候不該說話。

18. **慎獨**：在自我獨處時要嚴於律己。

毅行力

美德的實踐和意志（will）有密切的關係，一個人是否為有美德之人，在於是否能實踐美德，知而不能行或不肯行，就不能確定是否具有美德。

意志力堅定，所以人們覺得你有毅力及有不屈不撓的精神。「毅」是在艱難困苦中堅持下去的毅力，以及在遵守道德準則方面的毅力。中國人十分重視「力行」的美德。中國文化認為，人格的完善，社會的進步，重心不在知遇言，而在於行；「君子納於言而敏於行」。

重申美德可以由遺傳或外來因素影響而形成，但亦都可以憑藉修煉、改變心態、智慧及靈性的成長得以培養得來。有了高尚的美德，我們向聖人目標又邁進一步。

日本京都

第 7 章

如何獲得
和諧社會環境

活在社會裏，

人不可以獨立生存，

需要互相合作，

各自發揮專長，

和諧相處。

我們需要一個有秩序、寧靜、安全及和諧的社會環境。能與不相識的人、社會及大自然和諧相處，幸福的感覺會自然出現。

相信全人類同一祖先，明白大家都是一家人，都是親戚朋友兄弟姊妹，每人都有自己的所長，職業無分貴賤，各人有各人的崗位，都是人人平等，也要互相合作。有同理心為他人設想，我們便能用寬容的心情接納他人。明白個人是社會或國家的一分子，大家活在一個範圍內的地方，人口眾多，資源有限；所以需要有一班管治人才來管理國家，令生活在這個國家的人民可以安居樂業，和諧相處，獲得公平對待，大家遵守法律，和平地在一個安全的環境下生活。

雖然每人都享有個人自由及個人的權利，亦都明白有權利必須有義務，個人自由的原則是要不影響他人。由於地球上的資源都會有用完的一天，所以大家都要有環保意識。

我的得悟：幸福人生與政治

外面世界發生的一切（外境），經我們五個感覺器官（五根）進入腦中，加上個人經驗、情緒、遺傳因子等因素，最後腦產生了自己認為真的外境（虛幻），然後立即作出反應（情緒或是肢體的回應），結果便做出愚蠢行為（痴）。認識佛法及經過冥想訓練後，我們能客觀地先不作回應（業），控制自己念力（mind）/識，尋求事物真相，再利用焉知非福、人誰無錯（原諒自己，對人寬容）、不貪（知足常樂、放下）、慈悲（助人為樂）等元素，令自己心境平靜下來，用平常心面對極樂、苦難及所有問題，作出智慧的選擇及行動。

享受現世天堂一樣的幸福人生，念力可令人心境平和寧靜喜悅。 如果外境安全和諧，能保障我們的生命、人身、宗教、隱私、居住、遷徙、言論、集會、結社及不受歧視等權利，我們便可活在現世天堂。

我們不是活在荒島，需要群體合作，各自發揮專長。人類聚居，從部族、城邦發展到國家。個人是國家一分子，而一個理想國家及其體系與管治階層，必須保障人民權利、自由、財產，帶來人民美好安寧的幸福人生。由此，我便開始認識政治、法治、人權。

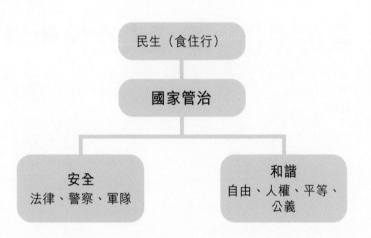

　　國家需要行政首長及各級官員治理各種事務管轄和分配社會資源（資源是有限）。政治便是如何管理眾人的事。從歷史發展，我們知道獨裁政治（autocracy）、寡頭政治（oligarchy）、君主專制（monarchy）等不是理想的政治體制，而人性是自私及易被權力薰心。經過中世紀英國大憲章限定國王的權力，文藝復興啟蒙運動、馬丁路德宗教改革、法國大革命（人權和公民權宣言）及美國獨立（人權宣言）等，發展出君主立憲國家（Constitutional Monarchy）的議會民主制及共和國家（Republic）的議會共和制／總統制等民主政治。

　　民主是指國家是由人民來統治／管理。但統治／管理國家（政治）是需要專才（政治家）。人民從選舉選出一名政治專才做總統／首相／總理，並授權他及其團隊管理國家及眾人的事。選舉方法可以是一人一票、議會選舉、政黨名單比例代表制，多數代表制等等。

　　總統／首相／總理任期是四至五年，最多可連任一屆，並要立法、行政和司法三權分立，互相制衡，立法機構肩負制訂和修改法律的工作。政府行政機關必須尊重和服從法律及法院在解釋和執行法律

時的判決。司法獨立，調查和檢控歸入行政機關。法庭系統獨立並負責審判和定罪。政府的行政和立法機關重要職位都有任期。事務官及公務員是政治中立。三權分立限制政府的權力，以防獨裁轉變。又可避免朝代交替的人命及經濟損失。

　　法治是民主政治的重要元素。是政府進行統治、行使職權及施行政策的主要工具。憲法（constitution）是國家基本大法。規定國家各重要機關的組織與職權，以及相互的關係。規定國家與個人之間的關係，以及對國家的基本權利與義務。普通法律保障個人利益，免受歧視並享人權自由，亦為保障社會安定，是一種公正地平衡個人與個人及個人與群體之間利益的重要機制。它確保了社會的多元化及包容性。

　　法治精神是法律面前人人平等。任何人未經審訊不能判定有罪。任何人均享有公平審訊的權利，並在審訊中把人為干擾因素減至最低。法治凌駕於政治之上，不能對刑責有追溯力；對政府政策或決定有投訴權及有陪審團制度。

　　公共事務（教育、醫療、社會福利、房屋、交通、市政、文娛康樂、公共設施），經濟（銀行、地產、金融股市、貨幣）及治安等行政首長，以專業精神及公正的心作出決策及進行分配，之後交由公務員團隊執行。元首及其政府對國防軍事指揮也要受憲法限制。

　　中華人民共和國實行黨國體制，簡稱黨國，是一黨制政府的政治理想，由執政黨代表國家行使主權，實現從中央到地方行政，黨組織與政府一體化，即黨政一體。國民若希望參政，要先成為黨員甚至幹部。黨國體制下，政黨領袖（黨主席、總書記、第一書記）的地位和權力凌駕於國家元首（總統、國家主席）和政府首腦（總理、部長會議主席）。

　　由於中華人民共和國的土地幅員廣大，裏面住着五十多個民族，

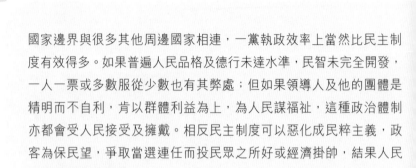

國家邊界與很多其他周邊國家相連，一黨執政效率上當然比民主制度有效得多。如果普遍人民品格及德行未達水準，民智未完全開發，一人一票或多數服從少數也有其弊處；但如果領導人及他的團體是精明而不自利，肯以群體利益為上，為人民謀福祉，這種政治體制亦都會受人民接受及擁戴。相反民主制度可以惡化成民粹主義，政客為保民望，爭取當選連任而投民眾之所好或經濟掛帥，結果人民都會承受傷害痛苦。

始終暫時未有一個最完美的政治體制。其實各種政制各有其優點及缺點，需要有人領導，最重要是領導人及人民的品格和德行；所以一個國家的人民性情教育及道德培養是十分重要的。

國家有責任保護人民的生命和財產，我贊同基於人道理由，保衛性戰爭及推翻暴君之戰合乎道德故應該參與。但即使不惜一戰，也要符合比例原則（戰爭所造成的傷害不要超過目標所需）及區別原則（區分作戰人員和非作戰人員，軍事設施和非軍事設施）。

現今的國際間戰爭，究其原因，多數是藉著政治意識，宗教信仰及種族主義上的分歧，達到爭奪利益目的。徵兵強迫人民上戰場，跟送他們去死其實沒多大分別。人民協議成立並服從國家就是為了換取國家保護。公民擁有拒戰的權利。基於宗教或良心的理由，可豁免作戰。

總結

政治影響我們外境和諧安全。若對政治有認識，我們便知道，理想國家該由具政治智慧、公正及有道德的人及其政府以法管治，保障人民的財產及人權自由。倘若我們認同各國人民都是源自同一祖先，那最理想當然是能透過理性商談來使地球變成一個國家，所有人都生活在一個多元而包容的社會，那時國與國可避免戰爭，使人類可以活出幸福人生。（參考：https://wp.me/p6OFG6-JF）

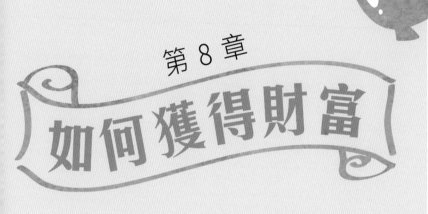

第 8 章

如何獲得財富

真的擁有財富，是你能愜意地
以自己方式過着自己想要的生活。
身體健康是一大財富。

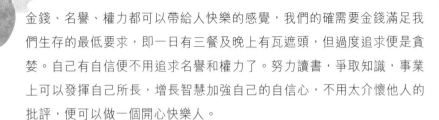

金錢、名譽、權力都可以帶給人快樂的感覺，我們的確需要金錢滿足我們生存的最低要求，即一日有三餐及晚上有瓦遮頭，但過度追求便是貪婪。自己有自信便不用追求名譽和權力了。努力讀書，爭取知識，事業上可以發揮自己所長，增長智慧加強自己的自信心，不用太介懷他人的批評，便可以做一個開心快樂人。

金錢確實會帶來快樂，但是有一定限度，如果超過了限度，那麼金錢帶來的效果就不那麼明顯。真的擁有財富，是你能愜意地以自己方式過着自己想要的生活。有安全感，有選擇能力，隨心所欲想做甚麼便做甚麼，有正確價值觀便可脫離金錢誘惑的痛苦（貪慾）。生命無價，能對死亡有認知便不再恐懼死亡，了無牽掛。「未知死，焉知生」。只要學會死亡，就學會如何生活，得到內心安寧。

日本富良野

彩香の里

財富定義

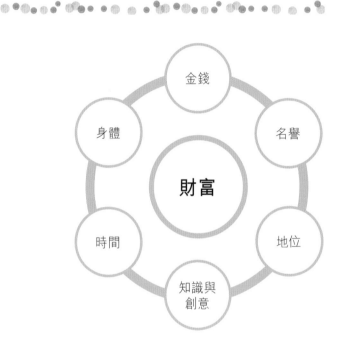

具有價值的東西就稱之為財富。

物質財富，經濟學上財富的概念為所有具有貨幣價值、交換價值或經濟效用的財產或資源，包括貨幣、不動產（金錢或金錢可買到的東西）。金錢不是萬能，但沒有金錢就萬萬不能。物質財富可帶來快樂，擁有物質財富令人有成功感、安全感，提高自信心及社會地位。但過分追求物質財富，便會傷害身體健康及忽略親情；擁有太多財產或資源便要花精神管理，除了剝奪讓大腦放鬆的時間之外，還會增加爭產及綁架的風險。此外，原來除了物質財富，我們還有很多其他的財富。

身體健康是一大財富，我們身體上每個器官都十分珍貴。有健康身體才有工作能力，所以要愛惜身體，注重健康。一寸光陰一寸金，時間就是金錢，要善用及管理好自己的時間。知識及智慧便是力量，有創意便能創富。如果人際關係及社會網絡好，有困難時便有人幫助。社會設施如公園、圖書館、博物館、美術館、郊野公園等都值得好好利用。大自然亦都給我們無限財富，所以我們要懂得享受大自然美境，欣賞日出日落。

我對物質財富的信念

學業事業成功，可創造財富，懂得善用（節儉），儲蓄及投資便能增加財富。當擁有財富便能滿足基本開支（衣食住行）及能自由地支配自己的時間，能和家人及自己喜歡的人在一起，能愜意地以自己方式過着自己想要的生活。有選擇能力，隨心所欲，想做甚麼便做甚麼，這樣擁有的財富便足夠，再多便是貪，不知足。**物質財富要取之有道，用之有度。不義之財不要貪，因為良心責備會帶來羞愧及痛苦。**不像從家族或父母得來的財富，用自己努力工作得來的財富，會令你有成功感及用得開心。全世界的工作者都在為他人帶來幸福快樂，而間接對社會作出貢獻。人有不同角色要扮演，工作與其他生活的平衡至為重要。

財富的增長

其實如果我們能滿足身體、心理、靈性、人際關係、社會結構的需求，那麼健康與財富自然會隨之而來。

家長如何教導子女在學業及事業的成功之道？

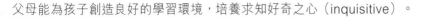

父母能為孩子創造良好的學習環境，培養求知好奇之心（inquisitive）。

愛因斯坦：「我沒有特別的天分，只不過是有好奇心而已。」
（I have no particular talent. I am merely inquisitive）

書本如歷史書可帶我們到任何時代，任何國度，以前發生過的事，以後也還會再發生，所以我們可以學習無數前人的經驗及知識。看書與看電視及漫畫不同，因它可培養想像力，又可以增強閱讀及寫作能力。讓子女領略出讀書的好處，從而令子女對讀書產生興趣，自動自覺求學問，積極學習中（國粵）英語言能力與世界接軌，做個世界公民。

研讀哲學，學會思考從觀察中得結論，從邏輯中找出真相，讓知識在生活裏實踐乃學業上成功之道。改進求學之技巧，多聆聽，多發問，每事問，超前學習才懂得發問，理解之後做筆記，鞏固已有知識及溫故知新，加強記憶（圖像法、聯想、朗讀、朋友討論），應用及多體驗。想加強學習記憶效率，可練習冥想靜觀加強專注力，令到讀書事半功倍。珍惜光陰，一寸光陰一寸金，寸金難買寸光陰。幸運之神只眷顧持續努力的人。

家長如何培養子女良好的性情和品格（性情教育）

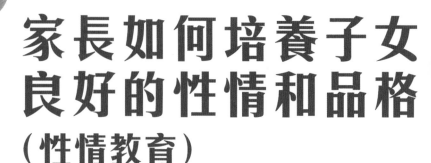

心態影響習慣，習慣影響行為，行為形成你的性格。所以家長要為小朋友從小到大培養一個良好的生活習慣，**無論甚麼情況，一定要誠實，說實話，才能問心無愧，獲得尊敬及信任。**良好嗜好及教導他們待人接物的禮儀道德，與人面對面時，請注視對方眼睛。

健康心理培養上，家長應適當地表揚鼓勵，不要傷害孩子自尊心，允許孩子失敗，培養獨立能力。靈性教育方面，要學懂生命學問，有同理心，能從對方角度看事情。學懂自律自制，培養一個正確的人生觀與價值觀。東方價值觀着重美德（忠、信、孝、悌、禮、義、廉、恥）及長幼有序；西方價值觀着重自由民主。思想開放的優點是關愛、創意、邏輯思維、執行力等發展比較好。學懂做人做事，中學為體，西學為用，中西合璧，均衡培育孩子品行與才能。

最優秀的學生（學力及非認知能力）

在 21 世紀要教養孩子成為一個優秀的學生及未來領袖，除了讀書，可利用課外活動幫助孩子體驗、探索及找到自己的熱情。增加孩子的體驗、擴大孩子的知識基礎，以及為了在世界的舞台上發展而增進英語力外，更要提升思考力、批判性思維、溝通力、自信心、復原力、同理心、合作力、特殊才藝等非認知能力亦即是社會情緒能力。

1. 思考力：訓練如何處理沒有正確答案的問題及解答；如果是你，你會怎麼做的問題。

2. 批判性思維：是指能以合乎邏輯的方式，對問題提出答案的能力。為了解決問題，要收集資訊，確認事實，進行分析並做出推論，再進行反證；要挑戰自己內心的偏見，同時不被先入為主的既有觀念給蒙蔽，進而推導出良好的邏輯結論。

    能做到批判性思考，便不會靠情緒做出結論，具備準確的判斷力與決策力。由批判性思維可培養出抗壓性。培養基礎的批判性思維可以使用優點（pros）與缺點（cons）或類似利弊分析的方法來解決問題。

3. 溝通、傳達力及自我表現力（表達自己意見的能力）：練習公開演說或作出簡報；鼓勵孩子吃晚飯時說說今天發生了哪些事；用 30 秒自我介紹。**人一旦能夠在眾人面前好好表達自己的意見，自然就會對自己產生自信；有了自信後，在做各種其他事情時，也會變得有信心。**除了用語言溝通，其實來自笑容、身體語言、服裝、聲音的強弱及聲調、禮貌等給人第一個印象能讓後續的溝通更為順暢。另外要提升說話能力，讓孩子創造自由發言的環境，例如與孩子閱讀同一本書或看同一部電影後輪流分享彼此的感想。

4. 自信心：自信的基礎是獲得他人的認同；所以不要把自己的期待強加於孩子身上，不要要求孩子完美及作出過度批評，更不要公然對孩子開罵，令到孩子自卑。避免過分關注及幫孩子做好一切安排，尊重孩子的獨立性與個性，記得問孩子：「你今天過得如何？」培養孩子喜歡自己的能力。讓孩子擁有積極正面的自我形象，稱讚的時候也一定要有理由。

5. 復原力（resilience）：培養面對失敗心靈不會受挫，正向心態，能面對而不是逃離逆境，能激勵自己，使自己奮起及從失敗中學習的心態。以下方法可增強孩子的復原力：

   I. 正向心理學之父賓夕凡尼亞州大學教授馬丁‧賽星格曼建議在一天結束時讓孩子寫出三件當天發生的好事，讓孩子花時間做自己喜歡的事。轉變心態，在腦袋裏創造人工幸福感，每天做20分鐘的白日夢及親近大自然；做運動讓大腦分泌多巴胺與血清素等幸福荷爾蒙。用想像力增加選擇來提升復原力；接觸藝術，培養孩子的想像力與好奇心。

   II. 家長相愛及快樂可為孩子建立一個安全的地帶，培養出復原力高的孩子。

   III. 培養孩子有一個目標意識，讓孩子從小就習慣討論比自己的存在更重大的目的，思考自己為了甚麼而做這件事，不只是為了自己覺得好玩，而是也希望讓家人朋友們開心、讓許多人感動或為了方便他人，令做每事都有其目的和意識。

6. 同理心：站在對方的角度思考。可透過義工或實習經驗接觸各式各樣的人生、環境來增進同理心；鍛煉同理心，可以提升合作力。

7. 合作力：透過小組活動或討論等各種機會來鍛煉孩子們的合作力，了解到自己是社群的一分子。有同理心及謙卑獲得他人的支持，可以加強合作力。

8. **特殊才藝、長處及熱情**：從孩子的喜好、擅長及強項發掘出孩子的長處及熱情。幫助孩子處於熱情之中，他會完全專注投入並產生愉快的感受，這個狀態稱謂心流體驗，處於這個狀態，人能將自己的能力發揮到極致。

培養孩子突出的個人魅力及道德，讓孩子充分發展其特有長處，產生自信，成為一個有個人魅力的人，讓社群變得更好，對社會有所助益及能夠成為引領世界的領導者。

至於如何面試獲取工作、如何事業成功、如何做好這份工作、如何消除工作壓力？何謂成功圓滿的事業及如何攀上事業高峰等課題，可參考網址：https://wp.me/p6OFG6-JI

我的分享

我為何選擇醫生作為我的事業（Profession）

由於大學入學試成績良好，我可以選擇任何學系。我是讀九龍工業中學預科理科班，英文一般；所以當時我只考慮入工程、醫科或建築系。其實我是最喜歡電腦，但當時香港大學並沒有這門學科，結果我選擇了醫科。因為當時看了杏林子寫的《杏林小記》及覺得做醫生懸壺濟世是一個受人景仰的職業，有了醫學知識又可以了解自己身體的結構，以及可以提供醫療上的參考意見給親人。另外我覺得讀醫科並不困難，基本是要記憶一大堆資料之後才像福爾摩斯一樣經過分析邏輯思維找出問題的答案，當然慈悲、同理心及有犧牲精神也是十分重要；所以我最終選擇了入讀香港大學的醫科。

我為何選擇 X 光診斷科這個專科

大學畢業時我原本喜歡兒科，因為我喜歡接觸小朋友。但因為一次當我凌晨 12 時和護士吃宵夜的時候，一位同一屆的前兒科見習醫生同學突然出現，叫我安心回宿舍休息，他會暫時頂替我的工作一會（其實當時他是在瑪麗醫院外科實習，利用他自己的寶貴假期回來伊利沙伯醫院幫我）。我實在受不了這個誘惑，所以當然樂意接受他的好意。

有這個超班勤力及投入的競爭對手，我只好先到急症室及門診工作，等候有空缺才可以開始接受訓練。在輪候期間，我突然改變主意，因為我覺得要夜晚當值是一件苦差，所以結果選擇當時比較冷門的 X 光診斷科（Diagnostic Radiology），不用當夜更。後來我

發覺我的選擇是正確的，因為做兒科醫生，除了要面對小朋友亦都要面對他的家長及祖父母，醫生與病人的關係是十分複雜。同時亦都常常接觸到因為血癌而死亡的個案，及因為地中海貧血症而長期要出入醫院受病魔困擾的病童，工作氣氛都是略為沉重。但 X 光診斷科醫生不用與病人建立長久的醫生病人關係，並因為我預科有物理及附加數的知識，對超聲波及 X 光儀器的原理及操作更容易理解，對專科考試很有幫助。又因為我喜歡攝影，所以對所有視覺藝術及醫療影像都有一個比較好的觀察力，結果我沒有後悔選擇了這個職業作為我終生事業。

我為何私人執業

在政府醫院受訓 7 年取得專科醫生資格。在因緣際遇之下與同事於 1988 年一齊出來創業，至今已 32 年。留在政府工作有一個穩定的收入，年資越高工作量便越少，在吸收經驗及進修的機會亦都比私人執業好。但由於制度及管理問題，無休止的工作都會令人身心疲累，減少了工作上的滿足感。

選擇私人執業不一定貪圖高的回報，其好處是自己可以控制工作量，多勞多得，不用晚上當值影響身體與心理健康。星期日及公眾假期可以休息。私人執業的醫生不一定有高回報，現在我明白，私人執業要負責租金及員工薪酬，收入亦都受社會環境影響。我亦都結識一些私人執業醫生，因為入不敷支而結果要返回政府醫院工作，例如 SARS 時期、佔中時期及反送中時期。除了在經營上面會產生困難外，醫生更加要兼顧行政管理，員工辭職及要求加薪亦都是一個很大的心理壓力。

在社會上，除了政府醫院提供大眾化及全面的醫療服務之外，亦都要有私家醫生、化驗所及私家醫院服務社會各階層人士，令市民有不同的選擇，同時亦減輕政府的醫療開支；所以私人執業亦都

有其對社會的貢獻。其實當我於 1988 年離開政府時，有 X 光專科醫生駐守的私家 X 光化驗所其實都十分缺乏，市場是有需要這個服務；所以我創立私家 X 光診斷服務，亦都對社會有一定的貢獻。我會謹記政府每年用大量金錢培養醫科生，我會取於社會，回饋社會。

▌我如何營運我的公司 ▌

由於我打算服務中下階層的病人，所以我選擇在旺角開業而不是在中環或尖沙咀。當時全旺角區只有一間 X 光診斷科專科醫生陳醫生營運的 X 光診斷所，其他 X 光化驗所只有國內醫生負責寫 X 光及超聲波的醫學診斷報告。當時陳醫生正好想退休，所以他便將他的儀器及客戶轉讓給我。我便選擇在旺角另一座商業大廈開業。因當時整座大廈只有 15 個醫生，剛巧我在伊利沙伯醫院兒科實習時的高級醫生正在大廈執業，我便上門請教他的意見。他說本大廈沒有一間 X 光醫學化驗所，他們正好需要一間 X 光化驗所的服務，所以他十分歡迎及支持我在那裏開設 X 光醫學化驗所。而現在全座大廈有百多個醫生，但醫學診斷中心也增加至七至八間，同一座大廈亦都有三座電腦掃描機，但醫學診斷服務依然是供不應求。

由於服務對象是平民大眾，所以我營業的方針是要提供一個快捷、準確及價錢合理的專科診斷服務。務求病人經濟上可以負擔得來並獲得一個物有所值或物超所值的服務。

初時開業，我們定價是比其他普通 X 光化驗所貴 20-30%，因為我們有專科醫生寫報名，所以我們不能用同樣價錢來搶生意，要給他們一個生存空間。飲食方面市民可以選擇廉價的茶餐廳、中價的酒樓及高級的酒店餐廳服務；所以同樣地也要給醫生及病人可以多一個選擇。之後我們每兩年調整價目表一次，加價幅度只是追回兩年的通脹。32 年來也是一樣。但經營成本租金加幅遠遠超過通

脹，但我依然維持員工每年加薪幅度是 4-5%。所以保持公司有盈利及競爭力亦都有難度，更由於科技日新月異，儀器要不停改良，更新儀器也是一個沉重的經濟壓力。解決這個問題，我便和其他化驗所合作，我維持基本的診斷服務，高端及昂貴的高速斷層電腦掃描機（160-240 排計算機斷層電腦掃描 high speed multidetector CT scan）及磁力共振機（MRI）檢查便集中由一間化驗所負責，其他化驗所負責轉介這些需要更精確儀器（當然是更昂貴）才可以斷症的個案給這間化驗所。既可滿足病人及轉介醫生的要求，亦可減少營運上的支出。同一區或同一座大廈是不需要幾部高端的斷層電腦掃描機。這樣的經營才合乎經濟效益。

公司營運了一兩年便上軌道。來接受服務的病人逐漸多了，有時會因等候時間過長而不滿及作出投訴。又因為我們有不同的服務，有時病人比他人遲來但會早點獲得服務，等候中的病人便會以為被人打尖而產生拗撬。為了改善這方面的服務，我便早已用派籌的方法，給接受電腦掃描、X 光診斷及超聲波診斷的病人分發不同顏色的號碼籌。他們可以看見掛在門上我們處理中的病人籌碼，便知道要等候多久，亦不會有被人打尖的感覺。

有時我們未開始登記，病人便已經在接待處等候。正式登記時病人一窩蜂走上登記台，因而又產生磨擦。所以現在我們又加了一個開始登記前的輪候籌碼卡給他們自由索取，方便正式開始登記時可以有秩序地上前登記。

我亦都在等候室放置了很多相簿、雜誌及安裝了一部電視播放即時新聞，另外一部電視不停播放我的旅遊風景照片等娛樂設施給等候的病人享用，亦有免費咖啡或茶供應。

每次聘請新同事，我都會同他説一個故事：話説有個婆婆來到超級市場購物，結帳時櫃檯的員工得罪了婆婆，她發怒並通知所有親戚及家人不再光顧，結果可能有百多人響應，但全港有 700 萬人，

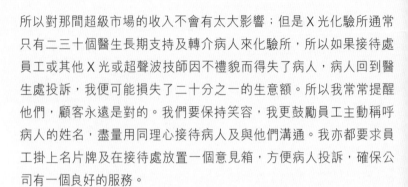

所以對那間超級市場的收入不會有太大影響；但是 X 光化驗所通常只有二三十個醫生長期支持及轉介病人來化驗所，所以如果接待處員工或其他 X 光或超聲波技師因不禮貌而得失了病人，病人回到醫生處投訴，我便可能損失了二十分之一的生意額。所以我常常提醒他們，顧客永遠是對的。我們要保持笑容，我更鼓勵員工主動稱呼病人的姓名，盡量用同理心接待病人及與他們溝通。我亦都要求員工掛上名片牌及在接待處放置一個意見箱，方便病人投訴，確保公司有一個良好的服務。

給轉介醫生優質的服務更是重要。除了不要得罪醫生介紹來的病人之外，更重要的是要與轉介醫生保持一個良好的關係。與醫生午餐及成立不同興趣的 Whatsapp 群組，可以增加互相的認識，加強溝通。我久不久也舉辦興趣班如：攝影班、夏威夷結他班（ukulele）、陶藝班、佛法講座、午餐例會或高級 Hi Fi 欣賞會等，讓一班志同道合的醫生相聚以達到聯誼及減壓的效果。

最重要是提供一個準確、清楚、容易明白及有承擔的醫療報告給醫生。要令到報告容易明白，我在最早期已經在報告上加上圖畫幫助醫生明白複雜的醫療報告。

一些辣手的問題，除了講出自己認為最有可能的診斷，我也給醫生幾個其他可能性，給他們思考並提供意見給他們進一步評估及找出最終的答案。至於化驗所供給介紹醫生回佣的陋習，現在因為 X 光醫學化驗所都是由有資格的專科醫生主持，又因為資訊發達及經過《壹週刊》篤爆，現在這種行為應該已經消聲匿跡。

只要常常思考，用同理心思考員工對公司的要求，令員工有一個滿意的工作環境及適當的回報，員工便不會常常想跳槽，同樣用同理心思考醫生客戶及病人對公司的要求而作出改善，令他們有一個準確、快捷及價錢合理的 X 光醫學診斷服務，公司便不愁收支不平衡而需要倒閉。

理財

在人一生中，事業對一個人的安全感是十分重要。工作時間佔人生的一半或以上，所以找對自己的終生事業，樂在其中，每天都有超越，最後又有智慧幫自己安排一個美好的退休計劃，人生便十分圓滿。而無欲無求的人生態度、醒覺的靈魂、高尚的品格、親善的行為等才是我們真正及永遠的財富。

（參考網址：https://wp.me/p6OFG6-JI）

第 9 章

遺傳與環境因素使人不快樂

不快樂的成人性格及

當他們遇到心理困擾時的錯誤反應，

是源於童年成長時的

不愉快甚至痛苦的經歷。

不快樂的源頭

正向心理學之父賓夕凡尼亞州大學教授馬丁・賽星格曼（Martin E Seligman，Positive psychology）提出的幸福方程式指出，每個人當下的幸福指數，50% 受遺傳影響（樂觀者與悲觀者），10% 受現實環境和個人際遇影響。這些因素雖然憑自己努力也未必可以改變得到，但對於這些因素的了解，可以幫助我們憑自己努力而獲得更多幸福。

大家都會認識一些朋友或親戚，他們由於童年時受父母影響，產生不良的性格，影響到在他們不能獲得快樂。有些人，用情感勒索他人及常常想控制他人，這是由於父母離異，令到他們缺乏安全感。有些人安於做失敗者因為童年時有過分嚴苛的父母。有些人缺乏同理心、極端自我中心，這是因為童年時被寵壞了。有些人沒有主見、別人的需要凌駕自己的需要、自我壓抑，這是因為有強力支配慾的父母。有些人只看到自己的缺點，缺乏信心，為了怕被人拒絕，最好是先拒絕別人，先排斥別人。這是因為童年時常被父母不停地責難。

心理治療師 Tara Goleman（EQ 一書作者 Daniel Goleman 的妻子）用了 10 年時間研究心理疾病的源頭，她提出不快樂的成人性格及當他們遇到心理困擾時的錯誤反應是源於童年成長時的不愉快甚至痛苦的經歷，為了要逃避痛苦，在行為上發展出一系列的適應策略（coping strategies），Tara Goleman 稱之為心理基模（Shema）。

這些經歷會被壓抑在潛意識的深處而這些機制是潛意識自動運作的，當人日漸長大後者，痛苦的經歷雖然已被忘記了，但因此而發展出來的適應策略行為仍然運作，而且更是一種不斷重複的強迫性行為習慣，它像魔鬼一樣隱藏在心靈深處，在不知不覺間控制着你；當同樣的痛苦情景出現時，這惡魔會自動浮現主宰你的情緒行為，所有負面的情緒如怨恨、憤怒、妒忌、操縱等會湧出來蒙騙你的眼睛，成為盲點，使你不快樂。

回憶童年及寫自傳，重新審視童年心理創傷或陰影，因今時今日心智成熟，可以原諒他人、自己或家人的過失。撫平了內心創傷，人可以更勇敢地面向未來挑戰。

靜觀訓練可幫助我們觀察到自己的情緒及能駕馭自己的思想，改變態度、行為、習慣及最終的性格，重獲幸福人生。詳細參考如下：

童年經歷與幸福快樂 https://wp.me/p6OFG6-Br

第 10 章

總結

思考改變心態，心態改變行為，

行為變成習慣，習慣改變性格，

性格改變命運，並可獲得幸福人生。

做人方面

年幼時，我們多未有開始思考及記憶，這階段要靠父母保護我們身體，多給我們五官刺激。童年時，父母要引起孩子閱讀求知的興趣及增強他們語言能力，練習專注力，多鼓勵，少批評。青年期，除了要好好珍惜光陰，勤力讀書，家長及老師要幫助孩子增強自信心及獨立能力。大學階段，除了跟據自己長處及喜好，建立人生目標，找出自己終身職業，為未來職業作準備，也要有好的性情教育，提高自己道德感以便將來融入社會，奉公守法，廣闊世界視野。初入社會工作，勤力學習專業知識和進修，良好工作態度，工作時專注，有誠信及敬業樂群。婚姻方面，小心選擇個人喜愛的知心伴侶。未來配偶，最好性格樂觀，有自信，有安全感，脾氣好，不容易發怒。婚姻是一個契約，表示雙方承諾會建立一個家庭並互相照顧對方一世。

健康方面

40 歲開始要注重健康，定期做身體檢查。50 歲開始思考哲學及宗教的問題，思考死亡後的世界。因為接觸了佛法，學會了不再執着及用平常心應對人生苦難及負面情緒。遇到困境，我們可用苦集滅道應對。用戒、中道來控制慾望。用禪定增強專注力及觀察自我身體及情緒的能力。一切唯心。禪定減少自我 ego（我執、執着），增強靈性及超我（super ego）。

回憶童年及寫自傳，審視及撫平童年心理創傷或陰影，建立自信，給自己大圓滿的安全感，人會變得寬容及有同理心和慈悲。

因病從口入，所以要有良好的飲食習慣、控制體重、多做運動、學懂呼吸、克服失眠及做定期身體檢查，便可以獲得健康的身體。又因病從心

生及境由心生，所以改變心態，利用正向思想，不逃避壓力，面對及解決困境，用嗜好來紓緩壓力，時刻提醒自己活在當下，從而得到穩定的情緒及健康的心理狀況。

靈性方面

當大家的靈性有所成長，進而有智慧、不執着，有良知及慈悲心，明白人不可獨立生存。幫人也終是幫自己。各人有各人所長及不同喜好。要包容及寬恕他人錯失，要尊重他人。再加上有道德與法律的規範，大家便可以獲得一個寧靜、和諧、安全的社會生活環境。到 60 歲便可迎接人生黃金 20 年，盡情享受，不是要走馬看花便過了這一個人生。

當我們得悟，能利用以上所講的不同方法，使自己的心境有安全感及幸福感，快樂指數常處於 70 分或以上，遇上苦難或逆境時能最短時間內回復到 70 分及甚至超越 70 分的心境，或遇上十分快樂的情況下，能夠延遲快樂指數回落到 70 的時間，使到人生中大部分時間快樂指數都停留於 70 水平或以上，居安思危，減少逆境發生及改變心態，加強覺察增加幸福機會。便會得到一個整體來説是幸福的人生。

我的理念

在一次我舉辦的感恩晚餐中，一個同學的太太問我為何可以這麼開心，另外與我朝夕相處並近距離觀察我 40 年的配偶有一次也同朋友誇獎我，説我是一個長期快樂的人；所以我覺得自己終於可以做到一個真正快樂幸福的人。我現在能常常保持擁有幸福的感覺，可能因為我的性格比較樂觀，懂得正向思維及感恩。我有一個比較愉快的童年及在一個比較和諧的環境下長大，雖然人生中亦都遇到挫折、經濟困難及與親人關係有磨擦，這些都是先天的元素和後天環境的影響。但自從 50 歲之後開始

思考人生，接觸佛法，練習冥想靜觀、自制及守法，接受人的結構有身心靈這個信念，從心態改變，懂得活在當下，珍惜每一個與親人相處的時刻，知足常樂，加強自己的復原力，接受苦難和挫折，令個人靈性有機會加速成長，而滿足了自己的五大安全感及七大需求，自己覺得圓滿；所以才開始希望幫助他人，希望社會和諧世界和平。近年開始進行布施，令身邊的人快樂，與接觸到的病人分享身心健康的知識，組織社交群組，利用自己的網站 happiness486.com 及舉行講座與大家分享我的得悟和實踐。

家人常常提醒我，我常掛在口邊的句子如活在當下、知足常樂、境由心生等等都是老生常談，但是能成為老生常談的句子都要經得起時間考驗，對我們都是十分有用，所以我不厭其煩地嘗試將我一生的經歷及心得與大家分享。

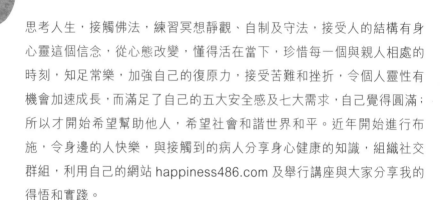 寫書的因緣

寫這本書的因緣，主要是近年我的好友韓玲每次舉行新書發佈會都會邀請我做講者嘉賓，有一次，萬里編輯聽完我與韓玲的讀者分享後，覺得可以幫我出書。當時因時機未成熟當場婉拒了。然而在今年 2 月，因受到新型冠狀病毒疫情影響，工作比較清閒，所以於 2 月底開始，每星期寫一章，之後在週末發放給我的「幸福人生群組」聽取意見。終於在 4 月底完成初稿，跟着 DIY 製作了新書送給我的好朋友，希望得到他們的寶貴意見，多得太太 Lilian、小女 Elita、好友 Philip Chan、Billy So、Eric Wong、Eunice Chan 及 Mingo Kwan 等的提示，終於可以交給萬里編輯、印刷及發行了。

很感謝以上家人及朋友對這本書的貢獻。我亦由於寫這本書而最終領悟到要獲得幸福人生，首先要有對自己最好、要原諒寬恕自己、不要自卑及批評自己、有自信、做自己最好的朋友、愛錫自己。改變心態覺得自己安全感充足，獲得大圓滿之後開始可以接受他人的批評而不會嬲怒。他人錯誤傷害了自己的安全感亦都可以寬容對待，自己開始對身邊及其他人關懷憐憫，再不會批評他人與及出口傷人。保持沉默或説出讚美對方的説話，人的心境自然會寧靜喜悦。

Hallstatt Austria 哈尔施塔特 奥地利

幸福人生
指數圖精要

宏觀來看，大部分人的幸福指數圖表走勢都是差不多。求學時期幸福指數會高一點，早期工作拼搏會令到指數低一點，中年危機幸福指數會下跌。到了五六十歲開始，幸福指數會繼續慢慢地升高至死亡時才會落到零。中間可能有幾次大起大跌。但如果微觀幸福指數圖表，可以看到其實每一天幸福指數都會有升有跌。為了獲得幸福人生，我們可以利用難得糊塗、阿Q精神、墨菲定律、塞翁失馬焉知非福及正向思想等心態，令到每一天的幸福指數都可盡快回復60至70的水平。遇到逆境，得悟者跌的指數會少一點，回復到正常60至70指數的時間會短，另外經過挫折，幸福指數會有所增加。遇令到快樂指數升高的情況，覺悟者會獲得更多的幸福感及可以維持這個高水平一段更加長的時間。另外覺悟者更加可以防止逆境的發生，防範於未然。

平常人的人生快樂指數圖表

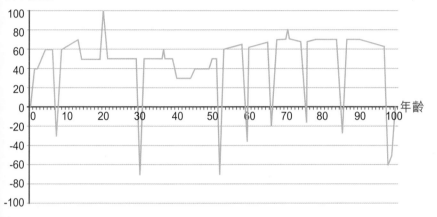

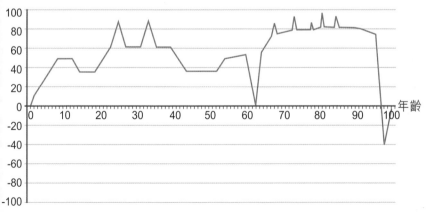

一個幸福人生的快樂指數圖表

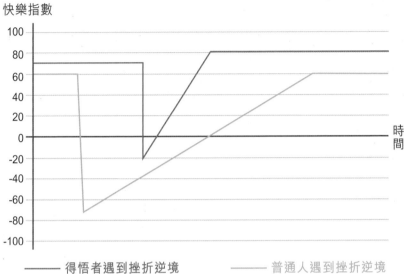

遇到挫折逆境

快樂指數

—— 得悟者遇到挫折逆境　　　—— 普通人遇到挫折逆境

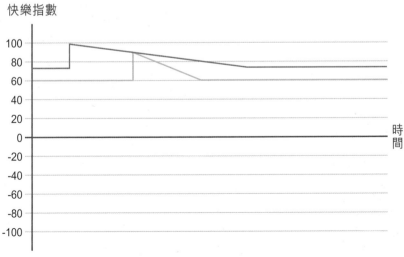

遇上快樂經驗

快樂指數

—— 得悟者遇上快樂經驗　　　—— 普通人遇上快樂經驗

 **幸福金句**

1. 快樂是生命的意義和目的，是人類生存的終極目標。

2. 思考改變心態，心態改變行為，行為變成習慣，習慣改變性格，性格改變命運。

3. 幸福人生的七大支柱是身體健康、心理健康、靈性成長、愛與被愛、良好人際關係、和諧安全社會環境及財富。

4. 活在當下、感恩、寬容、正向思維、不執着、知足都是幸福的泉源。

5. 冥想是通往幸福人生的鑰匙。

6. 健康身體需要飲食節制，定期身體檢查、運動、充足睡眠、正向思想、感恩和懂得呼吸。

7. 健康心理需要有自制力、懂得減壓和控制情緒。

8. 跌倒了就是要站起來，而且更要往前走。

9. 人誰無過，但過而不改，是謂過矣！

10. 中了毒箭是要盡快拔除及醫治，而不是追尋它的來源。

11. 嗜好可驅除無聊、紓緩壓力及品味人生。

12. 未知死，焉知生。只要學會死亡，就學會如何生活。

13. 春有百花秋有月，夏有涼風冬有雪，若無閒事掛心頭，便是人間好時節。

14. 不犯惡是因為我們都受風俗、道德、法律及良知所規範。

15. 愛是尊重、關懷和信任。

16. 知識 + 思考 + 活用 = 智慧。

獲得幸福人生速成

如何落實獲得幸福人生，可以從以下的習慣或方法開始：

1. 腹式呼吸。

2. 冥想。

3. 練習放鬆 —— 揸實拳頭。

4. 瑜伽。

5. 練習與自己身體溝通 —— 覺察左邊腳趾公的感受，通知繃緊的肌肉放鬆。

6. 身體素描 —— 和自己的器官打招呼，例如肝臟，與它説你好嗎？我愛你！

7. 有意識地行路 —— 身心靈聯繫。

8. 做平板動作 / pilates —— 加強身體腹部核心肌肉鍛煉。

9. 老少咸宜的運動 —— 平甩功 。

10. 身心運動如太極拳、八段錦。

11. 慢食 —— 品嚐袋裝威化餅，加強眼耳鼻舌身意的認知和覺察，培養自己成為美食家。

12. 思考死亡 —— 建立自己的信念、人生觀、價值觀；懂得活在當下，愛惜光陰。

13. 每一天的幸福指數都要維持 60 至 70 —— 利用難得糊塗、阿 Q 精神、墨菲定律、塞翁失馬焉知非福等。

14. 控制憤怒 —— 自我覺得大圓滿的安全感,加強自信,不要因為他人的錯誤而懲罰自己。同理心,寬恕,萬物一體等的心態。

15. 慎言,不要批評他人,友善對待所有人。

16. 相信大爆炸,露西是我們人類共同的祖先,各國民族一家親;相信萬物有靈進展到愛護萬物,人不可以獨立生存要互相幫助。

17. 復原力 —— 接受逆境,歡迎逆境,專注克服問題;每次逆境都是一個機會給我們精進。

18. 從自愛開始,善待自己,做自己最好的朋友。

推薦參考書

- 《健康長壽有辦法》洪昭光（2003）萬里機構
- 《敢活 120 歲》趙鳳琴（2011）商務印書館
- 《令人着迷的生與死》雪萊卡根（2015）先覺出版社
- 《生與死的教育》ALFONS DEEKEN（2008）心理出版社
- 《西藏生死書》索甲仁波切（2015）浙江大學出版社
- 《智慧引領幸福》周國平（2013）山東人民出版社
- 《快樂軌跡十個正向心理學的生活智慧》區祥江（2009）突破出版社
- 《美滿人生方程式》鄒賢程（2007）宣道出版社
- 《分野》陶兆輝、劉遠章（2018）明窗出版社
- 《正向教練學》陶兆輝、劉遠章（2018）明窗出版社
- 《甚麼是人生》劉再復（2017）三聯書店
- 《哲學與人生》傅佩榮（2005）東方出版社
- 《快樂是可以練習的》尼爾帕斯瑞查（Neil Pasricha）（2018）春天出版社
- 《投資健康人生》衛生署長者健康服務（2009）天地出版社
- 《真實的快樂》馬汀塞利格曼（2020）遠流出版公司
- 《信念 相信是萬能的開始》奧里森・馬登（2013）中國華僑出版社
- 《圖解政治哲學》梁光耀（2016）中華書局
- 《人生意義指南學》潘樹仁（2018）中華書局
- 《心靈寫作》- 娜坦莉・高柏（2016）心靈工坊文化事業股份有限公司
- 《中西醫合奏》余秋良醫生、蘇子謙醫生（2019）花千樹出版有限公司
- 《氣貫動靜功》袁康就博士（2013）明窗出版社
- 《免疫解碼》麥特・瑞克托（2020）奇光出版社

感謝各位讀者有耐性看完我這本書，

希望你們也可以令到自己心境時時刻刻都平靜與喜悅，

像活在天堂中一樣。

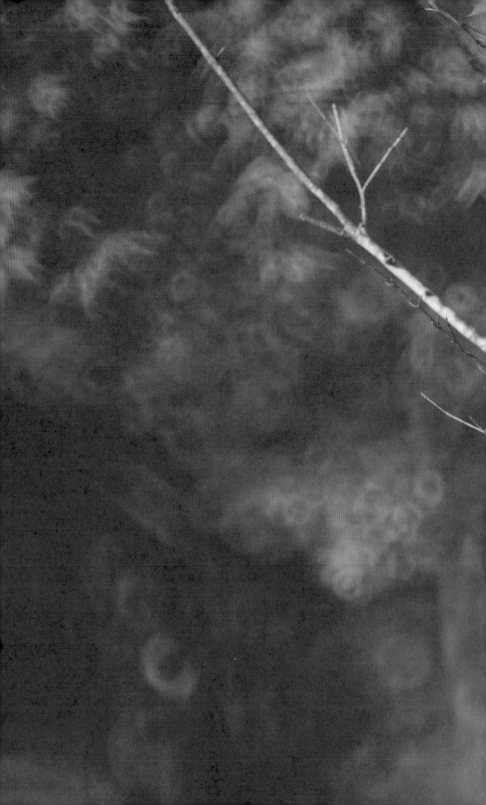

一位X光醫生的分享

著者
黎炳民

責任編輯
譚麗琴

裝幀設計
鍾啟善

插圖
黎炳民

排版
何秋雲　劉葉青

出版者
萬里機構出版有限公司
香港北角英皇道499號北角工業大廈20樓
電話：2564 7511　　傳真：2565 5539
電郵：info@wanlibk.com
網址：http://www.wanlibk.com
　　　http://www.facebook.com/wanlibk

發行者
香港聯合書刊物流有限公司
香港荃灣德士古道 220-248 號荃灣工業中心 16 樓
電話：2150 2100　　傳真：2407 3062
網址：http://www.suplogistics.com.hk

承印者
美雅印刷製本有限公司
香港觀塘榮業街 6 號海濱工業大廈 4 樓 A 室

規格
32 開（213mm×150mm）

出版日期
二〇二〇年十月第一次印刷
二〇二一年七月第二次印刷

鳴謝封面題字：吳維富醫生